蓮花生大士神秘預言
不丹仁王的出世

在南方秘境，三山環繞

名為伍德隆之地

生於母羊年之人，當他登上王位

國家因之改變，帶來幸福

十二年內，佛法得到弘揚

百姓共享幸福快樂

In the Southern Beyul
Surrounded by three mountains
The land of peace and happiness
In a place called Wodrong（Kabjisa）
A person born in the Female Sheep Year
When He becomes King,
He will bring Good changes in the Country
Within twelve years
He will benefit Buddha's teachings
All the people will enjoy peace and happiness.

四十多年前，一位十六歲國王的夢想，
改變了人類發展的方向。
一場心的革命，讓經濟發展回到了人類幸福的主軸；
讓政治的思惟，以人民幸福為最高的目標。
一場人間的幸福革命，正在進行。

—— 提名不丹四世國王吉美 · 辛格 · 旺楚克
成為諾貝爾和平獎候選人推薦文

More than 40 years ago, a dream of a 16-year-old King
changed the direction of human development.
A revolution of the heart guides economic development
toward the axis of human happiness, turning political
thinking into the pursuit of people's utmost happiness.
A revolution of happiness in the world is happening.

— From The Recommendation Section of The Formal
Nomination of The Fourth King of Butan, Jigme Singy
Wangchuck, For The Nobel Peace Prize.

11·11·11
不丹的幸福密碼

A tribute to His Majesty the Fourth
Druk Gyalpo Jigme Singye Wangchuck

11-11-11: a tribute to His Majesty the Fourth Druk Gyalpo Jigme Singye Wangchuck

不丹皇太后序

雅熙・多婕 旺嫫・旺楚克

Her Majesty Ashi Dorji Wangmo Wangchuck, the eldest Queen Mother

[signature]

廣受不丹景仰愛戴的國王，即將於本世紀唯一的 11-11-11 大吉之日歡慶五十六歲壽誕。這份禮物獻給無時不以生民福祉為己念的偉大君主，能參與籌備工作使我備感榮幸。

謹向噶瑪・慈仁（Karma Tshering）致上深深的敬意，本書來自他的發想。慈仁與他的團隊堅持不懈，努力將構想付諸實現。願四世不丹國王始終如昔，永遠做我們的良知、導師與哲學家。

打從十九歲起，我經常看著吉美・辛格・旺楚克（Jigme Singye Wangchuck）國王陛下為了增進國家福祉，憑藉著他異常清晰的思緒，不捨晝夜辛勤工作。他百分之百投入，專注到六親不認，甚至到了忘我的程度。他心中念茲在茲的，莫過於國家和平、進步、繁榮和民主。國王陛下毫不居功，不求掌聲或虛名，這是他的真性情使然，認為這是他在十六歲登基之日起即被賦予的天職。

在我心中，這樣的國王是我們可遇不可求的珍寶，更是無可救藥的愛國份子。能參與他的人生，是我一輩子最感恩之事。在他五十六壽誕（2011 年），我想告訴他：吾王，您的遠見與無私付出，造就了全民的黃金時代！

吉祥如意！

As His Majesty our Most Treasured and Beloved Father of Drukyul turns fifty six on a day that comes once in a century, 11.11.11, I am deeply moved and honoured to be a part of this Auspicious Tribute to a Monarch who lived and worked all his Life keeping in mind only the well-being of his Country.

My deepest appreciation to Karma Tshering for the concept of this very Special Book and for his and his team's perseverance in bringing it to fruition.

May His Majesty our Fourth Druk Gyalpo, be Constant in our Hearts, in our Conscience, as our Guide and Philosopher.

Since I was nineteen years old, I have seen His Majesty Jigme Singye Wangchuck work around the clock with a clear mind focusing only on the interest of his country. Nothing came in his way, not his family, not even Himself, as he worked to bring Peace, Progress, Prosperity and Democracy for his country. His Majesty always gave credit to others, for that is his true nature, not wanting nor needing applause for what he felt was his duty, his job, entrusted to him since he became King at sixteen.

To me, His Majesty is The Jewel of Men, the Ultimate Patriot. I am and will forever be truly humbled to be a part of his Life. On His Fifty Sixth Birthday, I want to say, My King, we Reap the Golden Harvest of Your Vision and Selflessness.

Tashi Delek!

編者序

噶瑪‧慈仁
Karma Tshering

2011 年 11 月 11 日這一天，意義十分重大，原因在於這一年的最後二位數、月份和日期，剛好湊成連續六個 1，是難得的 11-11-11。如此排列百年一見，人的一生，再幸運也只能遇上一次。

奇妙的是，這個分外特別的日子，正象徵不丹第四世不丹國王吉美‧辛格‧旺楚克（Jigme Singye Wangchuck）陛下不世出的領導才能。不丹人民得遇明主，何其有幸，不但經歷國家政體轉型，並見證世界領袖思維的改變。百年一見的佳期適逢四世不丹國王陛下五十六歲華誕，值得我們用獨樹一格的方式慶祝這具有雙重意義的難得時機。

謙遜是偉大領袖的特質。安祥平和的四世國王陛下超脫世俗權力，正是其謙遜美德的展現。陛下雖已完成天命，這份操守是他送給不丹人民的大禮，也將影響世世代代的不丹人。國王陛下無私無我，置人民與國家福祉為先，促成國家幸福力（Gross National Happiness, GNH）的誕生，這是一項與眾不同的發展觀，徹底顛覆人類追求發展的模式。

感念英明睿智的國王陛下，使社會邁向前所未有的國泰民安、百姓幸福的時代，我們藉由這千載難逢的機會，以此書向四世不丹國王致敬。

皇太后雅熙‧多婕‧旺嫫‧旺楚克（Ashi Dorji Wangmo Wangchuck）的大力支持、指導、鼓勵與智慧，令我們不勝感激。有她的付出，才有這份獻禮。

本書共 11 章，其中包括四世國王陛下 11 道深具歷史意義的重大政令。透過一章接一章的記敘，可以體會國王陛下的大智大慧，也顯現不丹人民對國王由衷的愛戴，我們更願盡一切之力來瞭解、感受並追求國家幸福力。

11-11-11: a tribute to His Majesty the Fourth Druk Gyalpo Jigme Singye Wangchuck

November 11, 2011 is a very special date as it is composed of a very rare combination of six 1's that represent the day, the month and the last two digits of the year, resulting in a very unique date 11-11-11. It comes about only once in 100 years, a once in a lifetime, uncommon occurrence.

Interestingly, the unique date is symbolic of the rare kind of leadership that His Majesty the Fourth Druk Gyalpo Jigme Singye Wangchuck has shown the world. We, the Bhutanese, have been most fortunate to have been blessed by such exceptionally special leader, and to witness such a leadership transform not only a nation but also influence the thinking of world leaders. The 56th Birth Anniversary of His Majesty the Fourth Druk Gyalpo falls on this unique and rare date. It is, therefore, a perfect occasion for us to celebrate it in a manner that is as unique as the date itself.

Humility is the trait of a great leader. The modesty shown by His Majesty the Fourth Druk Gyalpo, characterised by His quiet detachment from worldly power, is a manifestation of that. His Majesty did so as a man who had reached His destiny, and yet His legacy was the greatest gift He could have given to the Bhutanese people to enable them to reflect on such values. His Majesty, as a selfless King, has always placed His people and His country before everything else. It is this very virtue in His Majesty that ultimately gave birth to the unique development philosophy of Gross National Happiness that seeks a fundamental change in the way we approach advancement into the future.

As an expression of our deepest gratitude to His Majesty for the unique leadership, and also for ushering our nation into an era of unprecedented socioeconomic development, stability, peace, and happiness, we would like to take hold of this rare opportunity to pay a humble tribute to the Fourth Druk Gyalpo through this book.

We would like to humbly offer our special thanks and profound gratitude to Her Majesty the Queen Mother for her kind support, guidance, encouragement and wisdom, without which this tribute would not have been possible.

This book is a montage of 11 historically significant Royal Noble Deeds of His Majesty the Fourth Druk Gyalpo, and comprises 11 chapters. Through the entire book, as one chapter segues into the next, there runs our humble desire to celebrate His Majesty's profound wisdom, and take it to heart as we, the Bhutanese, earnestly endeavour to understand, appreciate and attain Gross National Happiness.

編者序：噶瑪·慈仁　Karma Tshering

不丹前總理

肯贊 · 多傑博士

Lyonpo Dr. Kinzang Dorji
Former Prime Minister of
Bhutan

不丹幸福力的根源
─《11-11-11：向吉美·辛格·旺楚克陛下致敬》
中文版序

　　第四任國王—榮耀的吉美·辛格·旺楚克—之吉祥降生，如同第二佛蓮花生大師於授記中所預言，為偉大伏藏師仁欽·竹札·多杰（Rigzin Drugdra Dorje）的轉世。

　　因此，陛下吉祥出世於德謙秋林宮的 1955 年 11 月 11 日這天，不僅成為國人歡慶的日子，出生當日也出現許多神奇徵兆：諸如喀爾普聖泉 (Menchu Karp) 變成乳白色、一株獨特的七杈金盞花——其中一朵突出於其他之上——盛開於札西冏宗前、普納卡宗的噶舉寺裡，夏尊（Zhabdrung）神像前的供水變成乳水⋯，凡此種種對於不丹與不丹民眾而言極富象徵意義。

　　繼承了殊勝伏藏師貝瑪·林巴後裔的紐氏族（Nyoe）尊貴血統，陛下受第八世錫杜·米龐·吉美·滇津·旺波（為迦色·滇津·壤紀的轉世者）認證為夏尊·昂旺·南嘉（為觀音菩薩的化現，授命為不丹這片草藥之鄉的慈悲怙主與統治者）的化身。出自於不丹民眾所累積的福德，國王陛下實際上是以國家統治者的人身形式而顯相的真正菩薩。

　　陛下在短暫的卅四年治國期間，為不丹帶來了空前的和平、進步、繁榮、穩定與安全，此為非比尋常，只有命定之主的神聖權力才能完成。陛下於 1972 年登基時，僅僅只有十六歲，是最年輕的世襲君主，當時他的父親吉美·多杰·旺楚克（Jigme Dorji Wangchuk）國王驟逝，重責大任猛然落於這年輕的肩膀上，他甚至無法完成學校教育。除此之外，當時不丹這個罕為外界所知的小王國，才剛從無數的限制中走出自我隔離，正邁向現代化發展之途，陛下的任務因而更加艱鉅且極具挑戰。然而，透過堅定不懈的努力、無私的奉獻以及靈活的領導天賦，他不僅克服了所有空前挑戰，其功業更超越了命定神諭的預言所示。

　　國王陛下不僅將不丹從貧困、文盲與落後等陰影下，帶往繁榮、和平、進步、安全與希望的光明之中，並且使罕為人知的不丹，以自信、主權獨立國家之姿，投入世界舞台，以備受讚譽的不丹軟實力成為承擔責任的國際社會成員。今天不丹不僅廣為世人所認識，並且因政治革新、健全政策、良好的治理、環境管理以及國民幸福總值哲學的發展，而獲得其他國家的高度讚揚與尊重，這些正是出自

11-11-11: a tribute to His Majesty the Fourth Druk Gyalpo Jigme Singye Wangchuck

不丹第四任國王陛下的明智與富有遠見的舉措。國家地位與形象獲得大幅提升，國民因而得到極高尊榮感、尊嚴與自信。這些都是在缺乏軍事或經濟實力的情況下，不丹實質上所具有的軟實力。因此，雖然外界經常將不丹稱為最後的香格里拉，但不丹人民卻自稱不丹為極樂世界（Sukhavati）—阿彌陀佛的淨土。

不丹的雙邊和多邊關係不僅擴展並深化與鄰國的關係，今日不丹因此與區域內外的所有國家保持極佳關係。這裡也許並非不適合強調，比起其他國家，不丹也許是唯一與中國沒有政治或其他重大問題的國家。中華人民共和國與不丹王國政府的「維持中不邊境地區沿線和平與安寧」協議（1998年12月8日），以及2007年與印度簽署的「印度不丹友好條約」（2007年2月8日），都是吉美·辛格·旺楚克陛下增進不丹與鄰國邦交，並且強化國家主權的顯著成就。

透過陛下的真知灼見、個人奉獻以及靈活的外交手腕，不丹的國防安全與主權比起過去任何時期都更為增進與強化。例如，當國家安全與主權，嚴重受到印度阿薩姆邦與西孟加拉邦武裝份子的潛入與活動而備受威脅，而且經過多年和談與勸說都無法令武裝份子離開不丹境內時，陛下甘冒險境，於2003年12月15日親自率領不丹安全部隊於德沃塘發動奇襲，攻陷不丹南部的武裝份子營區，驅離境內的武裝份子。軍事專家曾提出警告，不丹的安全部隊不論在數量、軍事資源、人員訓練以及游擊作戰經驗等方面，都不是武裝份子的對手。在此次行動中，陛下以各種方式創造了歷史。因此當外界得知軍事行動的最後結果時，陛下作為無私國王與軍事戰略指揮官的地位，獲得了全世界的認可。

不丹邁向民主之途的方式確實獨樹一格，因為其普遍地視為是國王贈予人民的禮物。不丹引進民主制度的計畫，似乎始自陛下即位之初，即列入長遠議程之中。過渡時期的舉措與所採取的進程，都是循序漸進且經過深思熟慮，因此在正確的時間點，人民也準備妥當之時，即以金體字記載於不丹的歷史之中。雖然不可能在本文詳述這個歷史過程，但這裡只需提及一些事件：「促進人民參政書」(1974) 的頒布、1981年中央政府將權力下放到各縣（dzongkhag）級單位、1991年進一步將權力釋出的範圍擴及各鄉／鎮／區（gewog）、1998年國王將行政權移交內閣首長會議、2001年勒令草擬成文憲法…，這些都是不丹民主化進程的重要里程碑。

我不知道是否還存在著其他自願放棄所有王權的君主，但陛下不僅基於對國家人民之愛，而且堅信人民肩負國家未來之責，秉持強烈信念認定人民是傳統文化的真正守護者，亦是國家安全、主權與永續幸福的終極捍衛者。正因

不丹前總理推薦序：肯贊·多傑 Lyonpo Dr. Kinzang Dorji

如此，陛下被視為「不丹民主之父」，他將成文憲法這個稀世之禮贈予人民，從而將官員、僧侶和民眾於 1907 年交付第一任國王陛下格薩爾‧烏金‧旺楚克（Gongsar Ugyen Wangchuck）的權力，於百年後的旺楚克王朝歸還給人民。

做為一位真正的轉輪聖王，陛下以身作則，向我們傳授了慈悲與謙虛的基本價值。他的簡樸生活、親民、始終與無助者和困苦者同在，這些都是他的治國風格。陛下的辦公室比普通官員更樸素，他使用已故父親——先王吉美‧多杰‧旺楚克陛下——用過的老木桌和木椅。陛下仍住於他在位時居住的伐木小屋。事實上，我擔任不丹國民議會議長（1997-2000）時，議員提出為陛下興建行宮的動議案，直接遭陛下回絕。陛下頻繁而定期於鄉間巡視時，最慣於住在帳篷或臨時搭建的小屋之中。

吉美‧辛格‧旺楚克陛下是出色的政治家、極具遠見與慈悲的國王。不丹憲法以及充滿活力的民主制度，都是陛下勇氣、無私與愛國等實際行動的珍禮。他之所以脫穎而出，成為最偉大國王的原因在於，他並不在乎榮耀、名利或財富，也不在乎獎勵或讚賞。歷史將會傳頌第四世不丹國王陛下，是一位堅持偉大信念的君主，他擁有奇特的高人氣，卻遠離權力中心。陛下始終相信，良好的治理就是：有效推動人民當家作主的體制。在充滿活力的民主制度準備就緒，

亦審視了民主憲法的精心策劃之後，陛下於 2006 年 12 月以 51 歲的年齡引退。言語無法表達他在位期間，對於人民與國家的所有恩德。他的個人犧牲、歷史功業與不朽成就將永不被遺忘，永遠銘刻在不丹人民世世代代的心中。

《11-11-11：向第四任國王陛下吉美‧辛格‧旺楚克致敬》一書的中文版，在地球禪者洪啓嵩大師的極力推動下，終於於今年五月在台灣出版。洪老師不是普通人，雖然他自稱為「地球禪者」，他實際上是一位已成就的佛教導師、禪師、多才多藝的作家、詩人、非凡的藝術家和畫家、卓越的書法家、虔誠者和真正的菩薩。最重要的是，洪大師對不丹國王陛下吉美‧辛格‧旺楚克提出的國家幸福指數十分欽敬，也認為此對人間光明的未來有巨大的價值。因此，2014 年，洪大師開始推動提名陛下為諾貝爾和平獎候選人。2010 年，洪大師提出的「菩薩經濟學理論」，獲得不丹皇家政府頒發榮譽狀表揚。他多次造訪不丹，長期推動不丹與台灣之間的宗教與文化交流。他三次參禮虎穴寺，三次皆親眼見到忿怒蓮師（Guru Dorje Drolo）於虛空中的清晰景象。

個人深切期待，洪啓嵩大師與其所帶領的覺性地球團隊，一切事業都能吉祥成功，尤其是對於我們這個紛擾世界轉向和平、快樂與覺悟的堅定努力！

11-11-11: a tribute to His Majesty the Fourth Druk Gyalpo Jigme Singye Wangchuck

上看到到最深切的渴望—「幸福」，也領悟到一個國家領導者，該替人民追求的是整體的幸福感，而不光是物質上的滿足。

1974 年，在世界各國奉 GDP 為圭臬，以經濟做為國家發展首要目標的洪流中，旺楚克陛下卻選擇了一條不同的道路，他以「國家幸福力」（GNH, Gross National Happiness）做為立國的根本政策，涵蓋了社會經濟、傳統文化、環境保護，及實行良政等四大面向，為人民追求整體的幸福，使不丹成為全球第一個以「幸福立國」的國家。

在旺楚克陛下卅四年的治理下，使不丹成為全球第一個享有全民免費醫療及免費教育的國家，人民平均壽命提高了十九歲，小學生就學率達 97%。不丹的幸福，並不是靠幸運而獲得，而是這位菩薩國王慈悲愛民與智慧抉擇，帶領不丹人民不斷的精進努力所獲致的成果。

菩薩國王建構幸福淨土

幸福的美麗漣漪，從不丹擴大到世界。2005 年，聯合國第一屆「地球衛士」勳章，頒給旺楚克陛下及不丹人民，表彰他們在地球環保上的貢獻。為了保護環境，不丹憲法規定，國土森林覆蓋率不得低於 60%，2005 年不丹的森林覆蓋率高達 74%。不丹前總理肯贊 · 多傑閣下告訴我，今年（2017 年）不丹的森林覆蓋率已將近 80%。如果換算為國土面積，以 3 平方公尺種一棵樹來計算，不丹相當於替地球多種了約 30 億棵樹，輸出清淨的空氣供給世界。此外，不丹採取川流式的水力發電方式取代建水壩，將清淨的水資源與其他國家共享。2011 年，聯合國通過了不丹的倡議，將「幸福」，納入聯合國會員國千禧發展的第九項目標，讓人們生起對幸福的嚮往之心，並願意朝向負責任的、永續發展的、共生共榮的幸福邁進。

菩薩的六度萬行，我將之總攝為兩個核心重點：「覺悟眾生、莊嚴佛土」，不丹的國家幸福力思想，為地球輸出良善的正念，幫助人們生起自覺與良知，不丹對環保的重視與實踐，為地球輸出清淨的空氣、水源，正是幫助世間成為清淨的國土。由此看來，不丹真可以說是一位當代的菩薩國王帶領人民所建構的菩薩國度了！

有鑑於經濟與現代人生活的密不可分，我在 1980 年代提出「菩薩經濟學理論」，希望做為人類未來經濟的明燈。旺楚克陛下所建構的國家幸福指數，除了原始佛教經濟學惜福、自制的精神，更具有菩薩經濟學以慈悲和智慧為核心的身影。因此，我在 2013 年提出「地球幸福力」(GEH, Gross Earth Happiness) 理念，期待不丹的國家幸福力，能傳遞給地球上的每一個國家，從「國家幸福力」（GNH），擴大為「地球幸福力」（GEH）。

諾貝爾和平獎候選人

2014 年，我開始推動提名吉美 · 辛格 · 旺楚克閣下，成為諾貝爾和平獎候選人。在推薦文中，我如是寫道：

> 「四十多年前，一位十六歲國王的夢想，改變了人類發展的方向。一場心的革命，讓經濟發展回到了人類幸福的主軸；讓政治的思惟，以人民幸福為最高的目標。
>
> 一場人間的幸福革命，正在進行。
>
> 貪婪，正是世界紛爭不斷、和平無法到來的根源，污染的水與空氣，滿目瘡痍的大地，正是人心貪婪之毒的影現，人類史上無數的人禍與征戰，與經濟密不可分，有幸福的經濟，才能開創和平的地球。GNH，改變了人類的價值觀，以負責任的自制、永續公平的發展，來取代永無盡的貪婪與發展，這是人不同於動物依本能生存發展，也正是人之所以為人的可貴之處。……
>
> 吉美 · 辛格 · 旺楚克陛下所提出的幸福經濟學，是人類未來的一盞明燈，能夠幫助人間朝向永續幸福的道路邁進。在此，我們真誠推薦提名吉美 · 辛格 · 旺楚克陛下，成為諾貝爾和平獎候選人，希望源於不丹的 GNH（幸福經濟）此珍貴的思想，能改變人類的價值觀，創造和平永續的幸福地球！」

人類只有建立偉大的夢想，以覺性的智慧來勾勒出未來

的美夢，人間的未來才有希望。我以幸福地球三部曲，來建構這個美麗的夢想：

一、覺性地球：集合人類文化與慈悲，提昇心靈，成為地球共覺體，做為宇宙星系覺性教育取經學習之地。

二、淨土地球：在使用地球地、水、火、風、空五大的資源時，不只是消耗使用，更能使其永續存有，甚至增益和諧、清淨圓滿，成為美麗的地球曼荼羅。

三、宇宙地球：當人類進入太空世紀，與宇宙間其他生命相接觸。我們必須從現在開始思惟，如何不走向「星際大戰」的時代，而是朝向「宇宙共榮」的時代。

不忘幸福的初心

不丹的幸福並非天上掉下來的禮物，從建國到統一，從鎖國到開放，歷經內戰與外患，不丹的幸福從開國的夏尊（Zhabdrung）國父，到旺楚克王朝歷代國王努力奮鬥而成。即使在 20 世紀末期，不丹仍面對著南部武裝游擊隊的威脅，在多年協談無功之後，即使在軍事專家嚴重警告下，旺楚克陛下仍力排眾議，以驚人的勇氣與智慧，御駕親征，凱旋而歸。然而，旺楚克陛下深知戰爭沒有贏家，不丹沒有勝利後

的大肆慶祝，而是皇后雅熙‧多婕‧旺嫫‧旺楚克在當地建立了 108 座佛塔，感謝上蒼福佑國王平安歸來，也祈求死傷的將士與怨敵亡靈得以安息。這種慈悲的心靈與無畏的勇氣，正是幸福之心的根源。

蓮師示現的人間淨土

不丹是蓮花生大士的聖跡示現之地，也是蓮師的人間淨土。1995 年，我著成史上最完整的《蓮花生大士全傳》，與不丹的不解之緣，彷彿都是蓮師的安排。2014 年我在不丹國家圖書館參觀，一套莊嚴的《大寶伏藏─灌頂法相部全集》，熟悉地映入眼簾。這套書正是我為了使蓮師的伏藏讓世人廣為供養，在 2006 年取得西藏德格印經院「大寶伏藏─灌頂法相部」刻版的授權，並且不惜重資，在台灣的全佛文化發行全球限量首發版。看見本書受到不丹國家圖書館的珍藏，讓我備感歡喜，也深感蓮師示現因緣不可思議。

我曾三次參禮不丹第一聖地虎穴寺，三次都看見蓮師的忿怒化身多傑佐勒本尊巨大的身影示現在虛空中。因此，我在 2011 年完成了 10 公尺的多傑佐勒巨幅畫作，今年（2017年）將以此畫及 25 公尺的巨幅「雲岡大佛寫真」做為主題，

11-11-11: a tribute to His Majesty the Fourth Druk Gyalpo Jigme Singye Wangchuck

在不丹進行「曬大佛」，也為正在進行中的 165 公尺世紀大佛，進行部份上彩。

共創地球覺性新文明

　　不丹，又稱為「雷龍之國」。彷彿是佛陀的巧妙安排，今年二月，我佛陀成道地菩提伽耶目真隣陀龍王池，進行法界諸龍佛暨諸大龍王大修法。此地是佛陀成道後第六個七天寂靜坐禪之地，目真隣陀以巨大的龍身及七個龍頭做為傘蓋，守護佛陀坐禪時免於風雨侵襲。它是佛陀成道後，第一位見到佛陀及受三皈依的龍王。我在此地進行殊勝的大修法，祈願一切龍佛、菩薩與龍王巨大的力量守護世間。而我與龍之國度深祕的因緣，也持續地發展。五月我帶領不丹聖境禪旅，每天都在不丹世外桃源禪修，舉辦茶宴香席，聆聽中國南管空靈妙音。以不丹美麗的大自然，結合中華文化茶道、香道之美，共創地球覺性新文明。這也是我念茲在茲，希望尋找新的幸福經濟模式：結合世界各國的美好文化特色，讓不丹旅遊產生更豐富的元素，善用不丹優美的自然環境結合禪修，成為世界各國菁英的紛沓朝禮的身心修練聖地。如此，不丹保有珍貴國家幸福力的同時，也能夠提高該國國內的 GDP，使之幸福而富有，成為人類未來幸福經濟的新典範。

　　2013 年，我在世界文化遺產中國山西大同的雲岡石窟，舉辦當代第一場石窟月宴：「月下雲岡三千年」，當時兩岸有近二百位文化、藝術、企業的地球菁英，參加了這場盛宴，所有與會者的姓名都刻碑於雲岡石窟。不丹前總理肯贊・多傑閣下也參加了這場盛會，同時送給我這本珍貴的書：《11-11-11，向不丹四世國王吉美・辛格・旺楚克陛下致敬》。本書 2011 年於不丹首次出版英文版。旺楚克陛下的生日是 11 月 11 日。而不丹的國家大護法：「每念・甲巴」（Gay-Ngen Jag-Pa-Melen-Chenpo），當人們向祂誠心祝禱，並擲下骰子卜卦時，如果出現「11」的數字，就代表諸事吉祥圓滿。旺楚克陛下的生日與每念甲巴大護法的骰子吉數冥合，構成了不丹的幸福密碼：「11-11-11」。

　　有感於本書的珍貴與深遠意義，我極力推動華文版的發行。歷經多年的努力，終於看到本書即將完成全球中文首發版，心中萬分歡喜。祈願旺楚克陛下，這位當代菩薩國王慈悲智慧的身影，深深地映現在 13 億華人的心中，播下幸福地球的種子，共同圓滿人間幸福的大夢！

地球禪者推薦序：洪啓嵩 Hung Chi-Sung

The Benevolent King of Bhutan— A Contemporary Bodhisattva King

Establishing a Noble Democratic Temperament

National Day of 17th December 2005 was a day the people of Bhutan will never forget.

In a remote village in Bhutan, 900 km away from the capital, Thimphu, the fourth king, His Majesty Jigme Singy Wangchuck, delivered a speech to more than 8000 people on National Day. The King suddenly announced that he was going to abdicate his throne and 25-year-old Crown Prince Jigme Khesar Namgyel Wangchuck would be his successor as King in 2008. The first congress election would also take place in Bhutan that same year.

His Majesty Jigme Singy Wangchuck, who was deeply loved by his people, was only 50 at that time. His dynasty was at its peak. Once the news about his sudden abdication spread, the whole of Bhutan was in shock. Many people cried in panic and went to the temple to pray for the King. The media commented that the King's sudden decision confused the public. The people of Bhutan really didn't want this historical and dramatic decision to come so soon.

"The best time to change the political system is when the nation is stable and peaceful. Why should we coronate an heir during a revolution or when the former king passes away? The best time for my retirement is now!" His Majesty Jigme Singy Wanchuch's selflessness taught the people of Bhutan a valuable lesson on how they should regard democracy as well as instilled a noble and peaceful process of democratization in Bhutan for the world to see.

The Source of Gross National Happiness

In 1972, at the age of 16, His Majesty Jigme Singy Wangchuch succeeded to the throne after the previous king had suddenly passed away, becoming the youngest king in the world. But he did not immediately ascend to the throne. He instead spent two years traveling the country to understand what the people of Bhutan wanted. He had witnessed the wars, pollution, high unemployment rate and high crime rate of western civilizations during the modernization of those countries. People's income increased, but they weren't happy. They experienced joy from improvement of material possessions in their lives, but drifted apart from their families as a consequence.

"Is it really right to make economic development a priority?" With that question in mind, His Majesty Jigme Singy Wangchuch returned to Bhutan thinking about what his people needed. In the face of his father's death and the burden of his county's future, the young, 16-year-old king did not retreat from concern. He went to each corner of Bhutan to assess the living conditions of his people in order to understand what the people truly wanted. His experiences were similar to the Fifty-Three Visits of Sudhana in Avatamsaka Sutra. The people of Bhutan were his teachers. During each visit, no matter in urban area or countryside, he saw the deepest desires of the people of Bhutan – happiness – and realized the leader of a country should pursue the goal of instilling overall happiness in his people rather than helping them reach material satisfaction.

In 1974, the global trend was to make improving the economy a priority for national development and to use GDP as the standard measurement of the success of a nation. His Majesty Jigme Singy Wangchuch, however, chose a different path, making Gross National Happiness the fundamental policy of the nation. It covered four major aspects, equitable and sustainable socio-economic development, conservation of ecosystems, promotion of culture and basic human values, and good governance. He sought overall happiness for his people, turning Bhutan into the first country in the world that was "founded upon happiness".

With 34 years of governance under His Majesty Jigme Singy Wangchuch, Bhutan became the first country in the world where all citizens received free education and medical care. The average lifespan of the population increased by 19 years and the rate of elementary school enrollment reached 97%. Happiness in Bhutan was not achieved through luck. Instead, it was the result of the leadership of this Bodhisattva, the King; his love for his people, wise choices, and endless action advanced the country and encouraged the nation under his authority.

Bodhisattva King Established a Pure Land of Happiness

The beautiful ripple of happiness extended from Bhutan to the world. In 2005, His Majesty Jigme Singy Wangchuch and the Bhutanese people won the first Champion of the Earth Award from the UN in honor of their dedication to environmental protection. To protect the environment, the constitution of Bhutan stipulates that the percentage of forest coverage must not decrease to below 60%. In 2005, the percentage of forest coverage in Bhutan was 74%. The former Prime Minister of Bhutan, Dr. Kinzang Dorji, told me that this year (2017), the percentage of forest coverage in Bhutan reached almost 80%. Assuming that there is one tree every three square meters, Bhutan is providing more than 3 billion trees to generate fresh air to the world. Furthermore, by using run-off-river hydroelectric power rather than building a dam, Bhutan can share its water resources with other countries. In 2011, the UN passed Bhutan's proposal of including "happiness" as the ninth item of Millennium Development Goals for members of the UN, encouraging people to work toward, look forward to, and take responsibility for the cultivation of national happiness. This proposal also gives people the chance to benefit from sustainable development, coexistence, and mutual prosperity.

I condense Buddha's six paramitas into two core points: "Awaking all beings and embellishing Buddha-lands." Bhutan's pursuit for happiness spreads positive thinking on Earth, helping people to develop self-awareness and conscience. Bhutan's care and practice of environmental protection provides fresh air and clean water for the Earth, helping the world become more pure and as such, Bhutan can be regarded as a kingdom of Bodhisattvas founded under the leadership of the contemporary Bodhisattva King, His Majesty Jigme Singy Wangchuch.

Because the lives of modern humans are closely intertwined with the economy, I proposed the "Bodhisattva Economics" in the 1980s with the aim of cultivating

地球禪者推薦序：洪啓嵩 Hung Chi-Sung

11-11-11: a tribute to His Majesty the Fourth Druk Gyalpo Jigme Singye Wangchuck

enlightenment to the future economic development for mankind. The Gross National Happiness index constructed by His Majesty Jigme Singy Wangchuch not only contains the spirit of cherishing blessing and self-discipline in original Buddhism, but also includes the core value of compassion and wisdom in Bodhisattva Economics. Inspired by that, I proposed GEH, Gross Earth Happiness, in 2013, with the hope that the happiness that enriches Bhutan will spread across each country on Earth, expanding 'National Happiness' to 'Earth Happiness'.

Nominee of the Nobel Peace Prize

In 2014, I started promoting His Majesty Jigme Singy Wangchuck a nominee for the Nobel Peace Prize. In the recommendation statement I stated, "More than 40 years ago, a dream of a 16-year-old King changed the direction of human development. A revolution of the heart guides economic development toward the axis of human happiness, turning political thinking into the pursuit of people's utmost happiness. A revolution of happiness in the world is happening."

Greed is the source of constant conflict in the world and it makes peace an unachievable goal. Water and air pollution, and a chaotic land are evidences of greed. Numerous human disasters and wars in the history of mankind are closely linked to economic politics. Economy with happiness is a way of creating peace on Earth. GNH changes a human's value by replacing endless greed with the responsibility of self-discipline, sustainability and equal development. This is the difference between humans and animals, which live instinctually. This is also the value of being human.

Economics of happiness proposed by His Majesty Jigme Singy Wangchuck is a beacon of light in the future of mankind, and is capable of developing and directing the world toward the path of sustainable happiness. Here, we sincerely recommend His Majesty Jigme Singy Wangchuck as a nominee for the Nobel Peace Prize in the hope that the precious thought of GNH (the economics of happiness) envisioned in Bhutan can change the value of humans and create a peaceful and sustainable Earth of happiness.

It is only when a human builds a great dream and depicts the dream of the future through his/her wisdom that the future of the world is hopeful. I want this dream of a beautiful Earth to become a reality.

1.the Earth of Mindfulness

First, the Earth of Mindfulness: Using human culture and compassion, we need to elevate the spiritual level of mankind to make the earth a connected body of mindfulness, the best there is in the universe.

2.The Earth of Pureland

Second, the Earth of Pure Land: Rather than simply consuming the five resources, solids, liquids, air, energy and space, we need to conduct research to improve the use of sustainable resources. Furthermore, we need to harmonize and purify them so that our world can become one wholesome mandala.

3.The Earth of the Universe

Third, the Earth of the Universe: Upon entering the age of space exploration, humans might make contact with other beings in the universe. We must start thinking how we can prevent conflict and danger when entering this era and work toward an age of cosmic prosperity.

Never Forget the Very Beginning Mind of Happiness

Happiness in Bhutan did not emerge through luck. From the founding to the uniting of the nation, from isolation to openness, Bhutan has suffered through civil wars and foreign invasions. The happiness of Bhutan is the result of the efforts and struggles of successive kings from founding father Zhabdrung Ngawang Namgyal to King Wangchuck. Bhutan still faced the threat of militants in the south even by the end of 20th century. After negotiating in vain for many years and even after being severely warned by military experts, against all opposition, His Majesty Jigme Singy Wangchuck personally led the military operation and fought with amazing courage and wisdom and achieved victory. However, His Majesty Jigme Singy Wangchuch ultimately knew there

was no winner in battle. Bhutan did not celebrate the victory. Instead, Her Majesty Ashi Dorji Wangmo Wangchuck, the eldest Queen Mother, the first wife of His Majesty Jigme Singy Wangchuch, established 108 memorial chortens or stupas known as the "Druk Wangyal Chortens" to thank Buddha for protecting the King so he could return from battle safely and to pray for the deceased and wounded Bhutanese and militant soldiers. This kind of merciful mind and fearless courage is indeed the source of happiness.

The Pure Land Where Padmasambhava Manifested

Bhutan is where Padmasambhava manifested and is subsequently known as the pure land of Padmasambhava. In 1995, I finished the book biography of Padmasambhava, which is the most complete work in history about Padmasambhava. My unbreakable bond with Bhutan seemed to be planned by Padmasambhava. In 2014, when I visited the National Library of Bhutan, I saw the familiar collection of empowerment figures of Rinchin Terzer, the Treasury of Precious Termas. This is the very set of books for which I received authorization to use the inscription of "Rinchin Terzer" from Derge Parkhang, Tibet. In 2006, I paid a fortune to print the first global limited edition by Buddhall, Taiwan. I was pleased to see that this book was being kept by the National Library of Bhutan and was amazed by this wonderful connection with Padmasambhava.

地球禪者推薦序：洪啓嵩 Hung Chi-Sung

I visited Bhutan's major holy site Tiger's Nest Temple three times. During each visit, I saw a clear vision of Guru Dorje Drolo, a manifestation of Padmasambhava, in the sky. In 2011 I painted a 10-meter large portrait of Guru Dorje Drolo. In my visit to Bhutan this year (2017), I plan to "display Great Buddha portraits" including this Guru Dorje Drolo painting, a 25-meter portrait of Great Buddha of Yungang Grottoes, and a portion of the 165-meter long Great Buddha portrait.

Creating the New Civilization of Mindful Earth Together

Bhutan is also known as "Land of the Thunder Dragon." It seemed to be a wonderful connection arranged by Buddha. This February, I performed a special ritual called Dharmadhatu Naga Buddhas puja at Mucalinda Lake in Bodh Gaya, where Buddha was enlightened. This was the place where Naga King Mucalinda protected Buddha from the heavy storm with its huge body and seven heads during the sixth week after Buddha's enlightenment. After that, Naga King Mucalinda became the first Naga disciple of the Buddha. This special Naga Puja was to pray to all Naga Buddhas, Naga Bodhisattvas, and Naga Kings to protect the world. At the same time, my close bond with the Land of the Thunder Dragon continues to deepen. In May, I will lead a journey to the holy land in Bhutan. Each day, we will meditate in the paradise of Bhutan, and host a tea party and incense ceremony while listening to ethereal Nanguan music from China. The beautiful nature of Bhutan combined with the beauty of Chinese tea and incense ceremonies can create the civilization of a new, mindful Earth. This is the new approach to the economics of happiness I always keep in mind and wish to pursue. In combination with the wonderful cultures of each country, tourism in Bhutan could become more diverse. The beautiful, natural environment of Bhutan combined with meditation turns Bhutan into a holy land for physical and mental practice that has grown in popularity among elites around the world. In this way, Bhutan not only can preserve its precious national happiness, but also increase its GDP. Happy and enriched, Bhutan represents a new paradigm for the future of the economics of happiness.

In 2013, I held the first moonlight banquet, "Three Thousands Years of Yungang under the Moon" at Yungang Grottoes, Datung, Sanxi, China. Nearly 200 cultural, artistic, and enterprise elites from China and Taiwan attended the feast. The names of all participants were engraved on a stone tablet in Yungang Grottoes. Former Prime Minister of Bhutan Lyonpo Kinzang Dorji also attended the event. He gave me a precious book, 11-11-11, a tribute to the fourth Druk Gyalpo His Majesty Jigme Singy Wangchuck. The first English edition of this book was published in Bhutan in 2011. King Wangchuck's birthday is on the 11th of November. In addition, the number "eleven" is the number that represents fortune and perfection when Bhutanese people pray to their protective deity "Geynyen Jagpa-Melen-Chenpo and roll the dice for fortune-telling. King Wangchuck's birthday and the auspicious number on the dice together constitute the number for happiness in Bhutan, "11-11-11."

Because this book is truly precious and contains profound meaning, I invested all my efforts in promoting the publication of the Chinese edition. After years of efforts, I am thrilled that this mission has been achieved. Bless His Majesty Jigme Singy Wangchuch, The kind and wise image of the contemporary Bodhisattva King will be deeply reflected in the hearts of 1.3 billion Chinese people, who aim to sow the seeds of a happy Earth and desire to make the dream of happiness around the world a reality.

11-11-11: a tribute to His Majesty the Fourth Druk Gyalpo Jigme Singye Wangchuck

地球禪者推薦序：洪啓嵩　Hung Chi-Sung

目 錄 註：本書中各界人士職稱皆為 2011 年之任職。

不丹幸福力的根源

在 11 月 11 日這個吉祥的日子裡，
尊貴的吉美 · 辛格 · 旺楚克陛下誕生了。
守護不丹王國的「甲巴 · 每念」大護法，
祂神奇的骰子吉祥數亦為 11。

11-11-11，不可思議的幸福密碼，
守護幸福不丹，轉動幸福地球！

His Majesty Jigme Singye Wangchuck's birthday
is on the 11th of November. In addition,
the number "eleven" is the number
that represents fortune and perfection
when Bhutanese people pray to their protective deity
"Geynyen Jagpa-Melen-Chenpo" and
roll the dice for fortune-telling.
King Wangchuck's birthday and
the auspicious number on
the dice together constitute the number
for happiness in Bhutan, "11-11-11."

11-11-11, the incredible secret code of happiness,
for guarding the happiness of Bhutan and
forming the happiness of the earth.

第一個

四世國王
11個年少小檔案

「八歲那年，當別的孩子還黏在父母身邊撒嬌，他已經被送往印度求學磨練⋯」

1、神秘的預言

四世不丹國王吉美・辛格・旺楚克（Jigme Singye Wangchuck）的誕生，早在十八世紀伏藏師竹克達多吉（Drukdra Dorji）就已預言，大意是母羊年出生的男性皇室繼承人會替不丹帶來前所未見的歡樂與繁榮。

在伏藏師竹克達多吉的經文中，記載著蓮花生大士神秘的預言：

在南方秘境　三山環繞　名為伍德隆（卡布吉沙）之地

生於母羊年之人　當他登上王位

國家因之改變　帶來幸福

十二年內　佛法得到弘揚　百姓享受幸福快樂

2、誕生的瑞相

1955 年 11 月 11 日，不丹三世國王之母雅熙・彭秋・雀登・旺楚克（Ashi Phuntsho Chodron Wangchuck）殿下，親自宣布皇室大消息：「皇太子誕生，象徵和平之日已然昇起。」相傳四世不丹國王的誕生之時，一朵金盞花在當時下議院廳前的庭院中盛開。從今日來看，這似乎象徵著新皇子即將為不丹王國帶來前所未見的政治改革。

3、正式亮相

1958 年，年僅三歲的皇太子在札西秋宗（Tashichho Dzong，首都廷布所在之行政區）公開亮相，正式與國人見面，當時即出現不少吉兆。時任不丹中央僧院國師的仁德·南格（Genday Namgay）就表示，當皇太子現身時，他全身大為震動，「這不是普通的孩子，他有不丹守護神大黑天的保護，注定要成就偉業。」

4、母愛的呵護

年幼的皇太子，受信仰虔誠的皇后雅熙·格桑·雀登·旺楚克（Ashi Kesang Choden Wangchuck）的影響頗深。在皇后慈愛的悉心調教下，皇太子與皇姐都傳承了仁慈、榮譽與勇氣等美德。皇太子具備的內在力量與靈性，皇后居功厥偉。

5、早年教育

皇太子與皇姐最初在德謙和令宮接受佛學與現代教育。八歲那年，當一般的孩子還黏在父母身邊撒嬌時，他就被送到印度求學磨練，於大吉嶺就讀聖若瑟學校一年，接著到英格蘭的塞墨菲德（Summerfield's）與賀瑟當（Heatherdown）就學。皇太子陛下 14 歲那年的 7 月歸國，與另外 12 名男同學進入三世國王於不丹巴洛（Paro）所創立的烏顏·旺楚克學院（Ugyen Wangchuck Academy）。

6、重視傳統價值

　　三世國王希望見到皇太子在國內完成學業，他經常表示，「現代化教育只有在它不會凌駕傳統價值的前題下才有用處。」也曾經對皇太子說，「你是應該出國留學，但你在國內學到的東西也同樣重要。畢竟，這個國家將來要由你來治理，治國之道的學問很大。」

7、快樂回憶

　　在英國四年的住校生活，對皇太子來說是一段美好快樂的時光。每一件事、每一種體驗都令他感到新奇，而最令他懷念的，是與同學一塊兒運動。

8、運動

　　年輕的皇太子具有運動細胞，不管參與任何項目，表現都十分傑出。他特別喜愛籃球、網球與高爾夫球，也將這些球類運動引進不丹。等他年紀稍長時，還喜歡打獵以及釣魚。

9、難忘的糗事

　　皇太子在 1971 年 4 月 3 日，被三世國王陛下任命為不丹計畫委員會的主任委員。任命的隔日，皇太子立即被指派主持委員會會議，與包括印度政府官員在場的出席者討論不丹第二期五年國家計畫完結事宜。皇太子登基之後還不時提到這件事，因為當時手中沒有資料，對第二期五年計畫也沒有概念，親臨現場時不但壓力極大，也覺得很糗。

10、準備登基

　　皇太子於 1972 年 6 月 16 日，被任命為宗薩宗總督（Trongsa Penlop），這是不丹王儲登基前的傳統。群眾以彩虹繞日的傳統儀式護送總督就職。行列進行時，大護法神的座騎發出三聲嘶鳴，也許在為即將來臨的「幸福」報信。三世國王陛下抱病出席這場歷史盛事。國王陛下有感於這可能是他人生最後一次的官方活動，因此這場典禮對陛下來說，幾乎等同於太子的加冕典禮。

11、世界上最年輕的國王

皇太子就任宗薩宗總督月餘，三世不丹國王在同年 7 月 21 日駕崩於肯亞奈洛比。國王驟然離世對皇太子來說，猶如「於正午痛失陽光，值白日驀見黑夜」。皇太子即刻登基，頓時成為國人希望之所繫，只能暫時拋開悲慟，鼓起勇氣和信心以安百姓之心，繼續領導國家。新王對下議院發表談話：面對艱鉅的挑戰，全國上下必須節哀，齊心齊力共同為家園努力振作。

年僅十六歲的皇太子於下議院第 37 會期（1972 年 9 月）正式成為國家元首，並於 1974 年 6 月 2 日，在皇室成員與國內外官員和貴賓見證下，於札西秋宗加冕為第四世不丹國王，成為世界上最年輕的國王。典禮接著移師至不丹體育館舉辦，在全不丹人民面前進行。如同蓮花生大士所做的預言：史無前例的和平之日已然昇起，普照不丹，太平盛世就此展開。

11-11-11: a tribute to His Majesty the Fourth Druk Gyalpo Jigme Singye Wangchuck

第一個 11： 四世國王 11 個年少小檔案

第二個

11

首創以幸福立國等
11項偉業

「國家幸福力遠比國民生產毛額來得重要，現代化的不丹必須涵蓋社會經濟、傳統文化、環境保護，及實行良政等四個面向的均衡發展。」

1、以「國家幸福力」建構完整的幸福願景

吉美・辛格・旺楚克國王陛下主政卅四載，最令人津津樂道的，便是成就不丹獨樹一格的現代化。在歐洲知識分子的觀念裡，現代化與傳統相互對立，傳統被視為邁向現代化的沉重包袱。傳統經常指落伍而原始的文化，如果是產業，則傳統產業便是指農業。現代化被認為是從農業社會轉型到工業社會的過程。成為現代化國家的標準，似乎就是崇尚自由市場、非農業的都市型工業經濟體，而且是民主的政治體制。要塞進這樣的現代化框架或進行複製，表示不丹的政策必須忽略宗教、文化、農業與環境，把力氣集中在經濟成長與工業化。可是國王陛下卻反其道而行，自 1974 年登基之後陸續推動的政策，都致力於推動傳統文化、支持農業發展、倡議環境保育，以及維護國家的精神遺產。本章將對這些工作做簡要的介紹。

國王陛下做出「國家幸福力遠比國民生產毛額來得重要」的聲明，正是他建設現代化不丹的藍圖，其內涵是心靈、情感與物質三個面向的平衡。這項簡單扼要的聲明有二層重要意義。第一，它挑戰多數社會奉為圭臬的經濟成長與物質繁榮，認為這並非達到幸福的唯一條件。第二，提出不丹無需殖民或革命也能邁向另類現代化，此背後所憑藉的價值觀與原則。陛下的政績當中，影響最為深遠的是使國家幸福力成為不丹智慧的象徵。

註：「國家幸福力」（Gross National Happiness, GNH）
1.「Gross」（總體的）這個字，表示是將全民的集體利益擺在最優先。它的前提是，國家對其人民的責任，要透過集體來實現，而個人追求的幸福，在擁有共同目標的社會當中，也可以變得實際可行。這多少有點跟西方社會的規範對立，後者個人的利益被視為神聖不可侵犯，往往凌駕集體利益之上。
2.「National」（國民的，國家的）這個字，顧名思義表示這個集體談的是以整個國家作為一個整體來說。
3.「Happiness」（幸福）這個字。當然，就是我們所有人一生都在設法追尋的最終價值。而 GNH 的實踐，在縱向上涵蓋了個人一生的過程，在橫向上則涉及社會、國家的層面，二者密不可分。
GNH 的架構
這個由不丹國四世國王吉美・辛格・旺楚克陛下（Jigme Singye Wangchuck）於 1970 年代早期悟出追求幸福之道，自此之後便引導全國正視平衡發展的重要性，並確立四大支柱：一、公平永續的社經發展　　　　　　二、保存脆弱的山林生態
三、提倡傳統文化與捍衛基本人類價值　　四、良善治理。
以這四大支柱為主軸，並延伸為九大面向，每一個面向在創造幸福上，都具備同等重要且關鍵的功能。

2、致力保存不丹的文化與宗教特色

如果說抹滅傳統與文化是由傳統邁向現代化的標記，這樣的說法在不丹已經被顛覆。國王陛下吉美·辛格·旺楚克在無數的場合一再表示，不丹處在二大人口強國的夾縫中，只能靠文化傳統才能維繫其獨特性。他曾向特別委員會（1986年成立）下旨，「人民無視於本國獨特的文化傳統，轉而仿效他國，令我深感痛心。倘若我們現在不亟思對策，未來將無力向世界展現我們的宗教與文化特色。大家都明白，這必然會影響到不丹的主權。」於是，文化在此刻被賦予嶄新的意義。

國王登基之初，便撥預算保存全國各地的古跡、寺廟與宗堡，維修上千座寺廟。在第三期五年國家計畫中，四世國王首開先例，將古跡保存與修復列為發展目標。重要的國家級遺產，如普那卡宗、虎穴寺和登古佛教大學等，幾乎是全部翻修讓原貌重現，今日風采更甚往昔。文化保存的工作，是在現代化影響之下所做的有意識、持續的努力。

國王又於1984年成立僧侶委員會，指派杰·堪布（Je Khenpo）為主席，專責處理文化與宗教議題，對僧院持續挹注支持。今日全境的僧院數目已經超過二千座。

國家推廣文化與宗教的努力不侷限在僧侶，還另外創造機會培養傳統藝術與工匠專家。許多國有與私人的訓練機構，也隨著逐漸成長的觀光業而有進一步的發展。不論是表演藝術、語言學的研發、傳統醫學與健康照護，國王陛下對於傳統復興投入的貢獻有目共睹。

文化遺產有具體的，比如建築、造橋工程、唐卡工藝、鑄劍與泥塑，也有無形的，像是戲劇、歌曲舞蹈、口語文學

與工藝，都屬於文化的範疇，可視為產業來加以發展。因此，以文化推廣做為不丹現代化的主軸，便成為四世國王的施政特色。

四名皇后做為法王的配偶，對於國王的文化與宗教復興大業更是全力協助，包括資助僧侶社區與寺廟僧院的修建、供養僧侶，以及贊助宗教活動等等，是十分稱職的佛法護持。皇后雅熙‧多婕‧旺嫫‧旺楚克（Ashi Dorji Wangmo Wangchuck）建了 108 座佛塔、佛寺，並重建位於都楚拉隘口上方的龍楚舍寺。普那卡宏偉的卡姆沙耶里納耶里紀念碑，則是皇后雅熙‧慈玲‧揚丹‧旺楚克（Ashi Tshering Yangdon Wangchuck）興建而成。殿下亦為不丹比丘尼基金會的主要贊助人。除此之外，不少支持社會文化議題的機構也都由皇后殿下們一手創辦。雅熙‧多婕‧旺嫫‧旺楚克皇后設立塔拉雅娜基金會以及民俗博物館。皇后雅熙‧桑格‧昭德‧旺楚克（Ashi Sangye Choden Wangchuck）創辦紡織博物館，和促進婦女兒童福利的「新生組織」。而雅熙‧慈玲‧彭姆‧旺楚克（Ashi Tshering Pem Wangchuck）皇后擔任青年發展基金組織總裁，亦兼任不丹基金會共同主席。國王陛下順利推動社會、文化與宗教，皇后殿下的輔佐功不可沒。

11-11-11: a tribute to His Majesty the Fourth Druk Gyalpo Jigme Singye Wangchuck

3、地球衛士，保育環境

不丹社經開始發展之初，唯一的自然資產便是境內濃密的森林。經濟發展與工業化勢必剝削自然資源，造成極大的環境壓力。然而，國王陛下卻決心不讓國家走向這條路，1974 年即制定國家森林政策，不丹的森林覆蓋率將永遠維持在國土面積的 60%。

自然環境，尤其是森林，在不丹的保育倫理中，不光只是資源，而是有生命的實體。因此，保育是森林自有的權利，如同人有人權一樣。以木材為主的產業在不丹興起，木材出口逐漸成為國庫主要收入的同時，幸虧有環境政策的監督，這些產業並沒有犧牲以環境永續為原則的森林現況。不丹境內規模最大的伐木公司哲都木業製造廠因為嚴重破壞環境，在 1995 年被勒令關廠。此外，山田燒墾式農業也被廢除。

法令與政策同時並進，使保育工作得以不受阻礙地推行。1995 年，不丹通過森林與自然保育法，催生 1996-2010 全國森林總體規畫。之後又陸續成立國家環境委員會、國家生物多樣性行動計畫、1998 年的國家環境策略，以及 2000 年的環境評估法等等。不丹的自然環境透過各種法案、施政與機構，得到良好的照顧。燃木到目前為止，依然是不丹人最重要的能源取得方式。

為了做好保育，不丹很早就投資境內豐富的水力資源。與印度政府合作興建的水力計畫帶來的效益佔 GDP 的比重最高。當電力普照偏遠地區，對森林的衝擊便漸趨紓緩。國外援助也讓政府能夠提供鍍鋅浪板屋頂給住在國家公園園區內的居民，使他們不必砍樹製作木瓦屋頂。

不丹的自然保育成績如今已是世界知名。聯合國環境計畫署在 2005 年頒發地球捍衛獎給不丹國王與人民。日本京都地球名人堂也於 2011 年將國王陛下納入，肯定陛下對環境保育的重大貢獻。

4、產業發展與國土保育並行不悖

國王陛下就職演說提到幾項重大方針，其中一項便是自立。充滿雄心壯志的聲明代表著極大的挑戰。有鑑於十年來的發展規畫與預算全都仰賴印度政府，國王著手開闢多元的發展援助管道。不丹參與聯合國與可倫坡計畫已經帶來某種程度的替代性發展資源，不過印度依舊是不丹現階段最主要的發展伙伴。自立需要從政策上進行概念化，才能提高國家的財務獨立程度。

在國際援助之外，國王還開闢財源，讓許多國營事業私有化和公司化，扶植產業與金融機構。他鼓勵農業與木材業，同時確保產業與國家的保育政策並行不悖。水力計畫堪稱陛下最有創意，也最有策略的投資。他深知水力發電的潛力，遂於 1974 年與印度政府簽訂協議，興建容量為 336 兆瓦的坵卡水力發電廠。這項工程除了象徵印不邦誼，還為不丹帶來另一項效益，那就是向印度出售多餘電力的所得，印度在不丹的投資正好能滿足其國內的需求。這是一項具有示範性，創造雙贏的經濟合作案。

水力發電廠在 2007 年就貢獻 23.4% 的 GDP，首度超越農業、畜牧業與林業。2006 年的人均 GDP 經估計為 1,414.01 美元，2007 年的實質 GDP 約為 375 億不丹幣。不丹今日的國內收入已經能夠支付所有開銷，這是實踐自立的重大指標。國王陛下登基那年，不丹的第三期五年國家計畫也剛好開始。擔任規畫委員會主委的陛下並不墨守成規，將第三期五年計畫交由規畫委員會執行，在 33 億總預算當中，撥給社會福利的比例最高，接著是交通、通訊和農業。對交通與通訊的重視是自第一期五年計畫開始的慣例。農業一直是社經發展的優先政策，得到 7,790 萬不丹幣的投注。

農業發展的目標包括：

(1) 透過精耕、高產品種與灌溉系統的強化，提昇農業生產力；

(2) 以合作社性質的行銷方式來消除中間商剝削並確保

42

農人享有應得利潤；

　　(3) 促進在地畜牧業昇級，包括分發優良品種以及使獸醫設備普及全國。

　　不丹也達到國內稅收增長 7.8% 的目標，援外款方面也分散來源，包括從聯合國開發署獲得四百萬美元的援助款。第四期五年計畫中，農業依然佔相當重要的份量。農業是不丹經濟的命脈，要達到自立的目標，糧食作物是否能自給自足是重要指標。國王陛下執政初期，就提出明確的農業現代化方針。農業不僅僅具有使人類存活的功能，也是一種生活方式。保存不丹的獨特性是國王陛下自始至終最深切的關懷。

5、提升鄉村生活，保障社會基石

　　不丹是以村莊為主的國家。對鄉村社會有概念才能進一步瞭解不丹。即使在今日，以農業活動為主要生計的鄉村人口高達七成。

　　國王甫執政之時，以消除貧窮與提昇農村生計做為政策制定與推動的核心。在這方面，最明顯的成效就是活化農業社區。

　　首先，國王陛下透過減少課稅與民眾的勞動義務，降低人民的負擔。這個作法與一般社會為了追求現代化，總是強制課稅並徵召勞動力投入開發工程的作法大相逕庭。大幅的賦稅改革造福了廣大農民，使農民的稅收僅佔全國歲入極小的比例。在今日，鄉村稅收可留在地方政府層級，無需上繳國庫。

　　其次，陛下也確保多數偏遠社區都能享受基本的社會服務。自來水供應、灌溉渠道、電氣化、道路、郵政、電信和小額融資等多項基礎設施，為鄉村社區的日常生活帶來革命性的改變。健康和教育等社會部門也是國王的重大政績，這

些福利都免費提供給所有不丹人民。

不丹的鄉村發展政策有個耐人尋味的矛盾。務農者要繳的稅極少，但另一方面國家對於農村的健康、教育與基礎建設，卻提撥相當大的比例。

國王陛下的發展途徑，是透過國際援助和不丹有相對優勢的產業如水力、觀光等所帶來的收益，來支持社會發展。在國王的規畫裡，不丹不會靠著快速都市化和工業化來達成現代化的目標。誠然，某種程度的工業化與都市化有其必要，卻不能以農村做為代價。前段曾提及，多數不丹人的命脈繫於農業，因此國王的經濟發展藍圖當然會保障農業。簡言之，不丹的現代化之路，是以提昇鄉村生活，保障社會全體為前提而啓動的。

6、地方分權，賦權農村

國王陛下自執政之始，便秉持著去中央化和政府權力下放的治理原則。他對人民處理自身相關議題的能力非常有信心，曾在就職演說中表示：「我的子民，關於百姓之事，你們一定要明白，不能期待政府做好每一件事。相反地，你們一點點努力所帶來的效果，一定遠比政府費盡力氣做出的結果來得好。」

為了加快去中央化的腳步，國王陛下在鄉村成立民主機制，實踐民主，以下分二方面來看：

(1) 經濟規畫的去中央化；

(2) 建立決策機制以及機制的代表性。國王一聲令下，成立具有代議功能的宗喀發展委員會（DYT）。1976至1981年之間，全國每一宗喀＊設置宗喀發展委員會（Dzongkhag Yargay Tshogdu），於各級行政區域成立民主機制是去中央化過程的必要架構。

宗喀發展委員會成員可自訂議程並採共識決。委員會的

討論須以個別地區的整體發展為主，而地區發展議題經各區居民、政府官員在國王主持的規畫會議中決議確認。每當五年國家計畫開始之前，國王陛下總是親自造訪全國廿個宗喀，與人民交換意見，使民眾與政府針對各項計畫與預算表達各自的觀點。

根據宗喀發展委員會法案，去中央化的定義在於藉由民眾的參與，使國家目標與願景早日達成。然而，早期的民眾參與還是有所限制，充其量只是協助區政府在規畫五年國家計畫時，確認地方需求的優先次序，並沒有議題設定權，這樣的參與只能做為宗喀政府與人民代表的共同決策。慢慢地，政府也體認到這種安排確有其侷限。

有鑑於此，陛下1991年在每個宗喀的下一級行政區格窩＊設置格窩發展委員會（Geog Yargay Tshogchung），鼓勵民眾實質參與共同決策的執行。格窩發展委員會的成立，使去中央化的內涵得到擴充，建立人民與政府之間的合作與夥伴關係。參與的意義也不再是單純地傳達地方需求與優先性而已。

去中央化旨在培養草根社區的自治能量，再加上有效率、透明和負責任的行政架構。要做到地方自治，必須先做能力建構，以強化獨立決策，以及發展方案的規畫、執行與監督的能力。政府也體認到把能力強的官員和各種技術性人員從中央移轉給地方的重要性。不丹在去中央化的過程中，最重要的一環應該就是把資源和責任一併下放到宗喀發展委員會和格窩發展委員會。撥至每一個宗喀和格窩的預算，地方都可以自由運用。於是，這二個層級的發展委員會在農村裡便成為最基層的地方政府。

註：1. 宗喀 Dzongkhag：不丹的二級地方行政機構（相當於縣）。
2. 格窩 Gewog：是不丹的地方行政機構（相當於鄉鎮）。不丹全國被劃分為西方區、中央區、南方區和東方區四個行政大區，行政大區下設宗喀，全國共被劃分為廿個宗喀。宗喀以下設置有格窩，人口較多的宗喀還設置有東喀 Dungkhag（管理幾個格窩）。格窩以下，不丹級別最低的地方行政機構是村。

Photo cou

第二個 11：首創以幸福立國等 11 項偉業

7、不丹民主化之父

吉美‧辛格‧旺楚克陛下在 1998 年力排眾議,成功推動歷史性的改革。這次改革是不丹實行代議民主的前奏曲,原先並不被看好。當時去中央化的過程透過宗喀與格窩發展委員會正如火如荼進行中,各地的村民與村領袖接受選舉的洗禮,也學著承擔交付在他們身上的責任。下一步,焦點便轉移到中央級的領袖與機構。回顧這段歷程,我們才瞭解到 1998 年的改革,正是長達十年民主領袖培訓的開始,以便日後代議民主實施之時有人接手分擔。

1998 年 6 月 10 日,國王陛下頒布一道對不丹影響深遠的聖旨。內容大致為解散萬年內閣,國王提名新內閣成員的候選名單,再交由國民大會確認。國王讓出一切行政權,宣布他雖繼續擔任國家元首,卻不再是最高行政首長。內閣有一定任期,內閣總理必須由國民大會同意背書。這是一道改變國家政治體制的聖旨。

西元 2002 年 12 月,內閣五年任期屆滿,國王宣布內閣必須在第八十一會期間通過內閣信任案,也宣布內閣的功能應擴大並強化,以因應治理上的種種挑戰。當時內閣已有十位部長,國王再提名七位,其中四位得到最多選票者順利

11-11-11: a tribute to His Majesty the Fourth Druk Gyalpo Jigme Singye Wangchuck

進入內閣，被任命為部長。

這是不丹步上君主立憲的歷史起點。國會希望國王擔任內閣之首，否則至少也要指派一名皇室成員進入內閣。倘若依照國會的想法，改革便失去意義，而且聖旨早已明令，在選舉中獲得最高票者將擔任內閣總理。為了培養未來的領導階層，創造權力共享的體制，內閣總理由六名得票最高的成員依得票數輪流擔任。

2001 年 12 月，國王下旨憲法草擬工作，由大法官率領卅九名社會各部門代表組成委員會負責，並於 2005 年 8 月遞出草案。從那時起，國王陛下與皇太子馬不停蹄地到全國各地與民眾討論憲法條文，只是一般人皆認為不丹在君主世襲的統治下安定繁榮，沒有必要改成君主立憲。2005 年 12 月 17 日的不丹建國日演說中，國王宣布即將退位，代議民主會由皇太子繼任五世國王後繼續推動。他表示一國之君能夠累積愈多經驗對國家愈有利。一般認為國王預計 2007 年退位，沒想到陛下竟提前一年，在 2006 年 12 月 14 日，五十一歲盛年決定讓五世不丹國王登基，為接下來的政治改革鋪路。

8、宣誓國家主權獨立

吉美・辛格・旺楚克國王陛下深耕不丹印度關係，多次造訪印度，與印度領袖與人民發展真誠的友誼。在鞏固印不關係的同時，陛下亦亟思拓展不丹外交，登基一年後宣布加入「不結盟運動」國際組織，每屆的不結盟運動與南亞區域合作聯盟舉辦的高峰會議，皆親自率領國家代表團出席，直到1998年解除行政職為止。

中國和印度是與不丹領土接壤的兩個國家。成功讓兩個大國承認不丹主權獨立，是國王陛下重大政績之一。不丹與中國之間，基於不丹和西藏的歷史文化淵源而變得密不可分。中國一直宣稱不丹是中國歷史上的附屬國，正如同在1910年對尼泊爾與錫金的宣稱一般。不丹人從未接受這項立場。雖然中國繪製的地圖將不丹部分領土畫入中國疆界，但目前中國政府選擇擱置此爭議。

吉美・辛格・旺楚克陛下1974年的加冕大典，中國也在受邀外賓之列。不丹是支持中國成為聯合國會員的國家之一，並於1984年起與中國展開雙邊會談，首次就領土問題進行協商。疆界是影響中不兩國關係最巨的因素，是多次談判的主軸。

1988年5月，不丹與中國達成邊界會談四點原則。第一點即明示：「遵守和平共處五項原則，亦即雙方互相尊重主權與領土完整，絕不侵略、不干涉彼此國家內政、平等互惠，以及和平共存。」會談另一項重大成果便是1988年12月8日「不中邊境維持和平與安寧協議」的簽署。

該協議雖只有簡短五項條文，卻是中國政府首次承認不丹主權獨立的官方文書。除了此重大突破之外，條文明定維

11-11-11: a tribute to His Majesty the Fourth Druk Gyalpo Jigme Singye Wangchuck

第二個 11：首創以幸福立國等 11 項偉業

11-11-11: a tribute to His Majesty the Fourth Druk Gyalpo Jigme Singye Wangchuck

10、君主世襲守護國家長治久安

　　王權是超越社會與政治的象徵，重要性不亞於平等、正義與民族共同體。不丹憲法明令國王為「國家元首，王國統一的象徵」。元首地位不同於政府行政首長，無法開放政治角逐，只有如此設計才能確保國家的延續性。簡言之，王室代表著不丹王國的延續性。而君主的要務便是確保國家在快速現代化的變動之中得以延續。四世國王適時傳位給足堪大任的皇太子，開啓新紀元，同時也在憲法中明訂君主世襲機制，以確保不丹的長治久安。

　　相較於世界各地因為政權更迭引發的暴力衝突，不丹的政權能夠和平轉移，本身就是了不起的政治成就。此次和平轉移另一層意涵，就是在位者屬自願禪讓，繼位者短時間內便展現出令人驚豔的領袖風範。吉美・格薩爾・南嘉・旺楚克陛下在 1988 年皇室大婚典禮上即被指定為皇太子，2004年被任命為第十六任宗薩宗總督。此二起任命均為傳位過程的兩大盛事。四世國王退位之時，繼任者隨即就緒，國家權力無縫轉移。

　　繼承大統是關鍵時刻，若未能立下常規，很容易危及國家的穩定與延續性。有鑑於此，四世不丹國王透過憲法確立繼承慣例，讓不丹成為廿一世紀中，有所依循，維持安定和平的現代國家。

11、慈悲、智慧與勇氣的永恆領袖

　　若論四世國王的成就，最值得一提的應是他充滿領袖風範的人生。陛下在位卅餘年間，最大的特色是以人為本，寧可犧牲自己奉獻國家，這份胸襟贏得國內外人士的敬重。陛下生活簡樸，打破常人對於皇室生活必然豪奢的刻板印象。陛下為保國家長治久安，不惜數度出入險境。在反政府人士叛亂期間，陛下僅帶著少數維安人員親自前往叛亂地區瞭解真實情況。即使國會全員反對國王涉險，陛下仍抱著雖千萬人吾往矣的決心，進入好戰份子活躍的森林地帶，隨後率兵剿平印度好戰份子，絲毫不思自身保全。陛下犧牲自我的精神，在在體現其君主之德。

　　陛下在 1998 年的聖旨中也建立對國王不信任投票的機制。當三分之二的下議院成員投下不信任票時，國王就必須退位。這是落實議會民主的用心設計，使國會可以在國王行為傷害國家利益時令其遜位。這項改革可貴之處，更在於國王當時費心建立新體制時，並沒有來自民眾的壓力。聖旨的精神被納入憲法，在第 20 條明令「不丹國王違憲或經國會決議認為身心狀態不適任時，應退位。」

　　國王陛下退位的無私身影更令人感念。陛下執政卅四年，在生涯與權位最高峰之際，於 2006 年 12 月 9 日退位，正值 51 盛年，離他主動發起制定的憲法法定退位年齡 65 歲還有一段距離，而退位並非出現任何危機，既無軍事政變、內亂或來自國際間的壓力，更非繼任者篡位，完全是國王自發之舉。不丹全民皆認為吉美・辛格・旺楚克陛下的禪位，是犧牲個人權位，賦權於全民的高貴之舉。因此人民與媒體自然而然地將國王比喻為史上曾經捨棄身外之物，虔心向佛的德臨・昆頓（Drime Kunden）法王。國王透過放下權力，將權力賦予全民，使不丹民主轉型增添強烈的道德勇氣，也讓不丹對於民主真諦有更透澈的體會。國王放棄執政權，另一方面也使皇權得到強化。陛下犧牲自我換取王室正當性，也成為不丹國家政體的基礎。四世國王的成就超越凡人，達到完美領袖的境界，誠如五世國王吉美・格薩爾・南嘉・旺楚克所言，可謂前無古人，後無來者。

第三個

以 GNH 領導
GDP 的國家政策

「不丹人民一向是傳統文化最佳的守護者，
也是國家安定、主權與永續福祉的最終捍衛者。」

1、土地配給與住宅興建

致內政部長・火虎年 7 月 12 日（西元 1986 年 9 月 24 日）發布

近日各宗喀人民到處大興土木，都是向客都（kidu，不丹皇室福利機構，貧窮或無土地農民可向客都申請土地分配）申請土地之建戶。隨著境內房屋數增加，有必要確保建物的設計與衛生條件符合標準。因此，自明年第六期國家計畫開始，各社區內的房屋均應從一至四類加以區分並編號。此外，廁所與無煙爐也應設置於室內，同時禁止家戶將牲畜養在一樓。政府應制定未來興建住宅與電力提供等相關規定，並公告周知。政府亦應透過政策降低土、石與木類建材價格。新政策確立前不開放民眾申請土地或新建住宅。

客都的土地分配系統僅啟動數年，申請的民眾逐年增加。若依現況，我國人口可能出現以下問題：

首先，將沒有足夠的土地可分配；

其次，原本長久共同生活的人將四散各地；

第三，若每人擁有的土地數增加，勞動力隨之降低，連帶導致從事農業活動人口減少，我國的農業政策將難以推動，農業生產力勢必受到影響。

今後，共享同一屋頂的家戶，名下擁有包含乾、溼地與廚房在內之土地，面積達三英畝以上，將不符客都申請資格。責成內政部長在各宗喀（含）以下各級行政區，向人民公告周知。

天龍嘉波 Druk Gyalpo

人民生病時，需要良醫治病；人民受委屈時，需要正義護持。
良法得以存在，正義得到伸張，即為良善治理。—四世不丹國王

註：天龍嘉波 Druk Gyalpo：不丹語，不丹國王的稱號，Druk 意為龍，此處「龍」指雷龍之國的不丹，Gyalpo 為國王之意，意為「雷龍之王」。

Photo courtesy: Her Majesty The Queen Mother Ashi Dorji Wangmo Wangchuck

第三個 11：以 GNH 領導 GDP 的國家政策

2、以 GNH 領導 GDP 的國家計劃

致計畫委員會 · 火虎年 7 月 15 日（西元 1986 年 9 月 27 日）發布

1960 年，先王吉美·多杰·旺楚克（Jigme Dorji Wangchuk）陛下結束鎖國政策，開始有計畫地從事國家發展。先王啟動社區與經濟發展新世代，強化國家主權，為不丹爭取到與世界各獨立國家相同的自主權。衡諸目前我國各地生活條件改善已達前所未有的水準，我們在前人奠定的基礎之上，對未來發展更有信心，至未竟之任務，自身的侷限，以及因發展活動衍生的種種問題，也都有所認識。

此外，吾等也見到愈來愈多人看清貪婪的壞處，努力讓生活過得簡單不複雜。由於我國虔誠的宗教信仰和祖先留傳的典範，和平與快樂總是與我們同在。今日在余任內，託神明庇佑，政府成員的付出，還有我們生逢其時，使生活水準和公共福祉都有適度改善。為了國家與人民有更好的未來，我們應當更加努力。假使任何人的行為抵觸我國既定政策，違反國家利益，或不遵守國家領袖頒布的命令，將依法處置，不加寬貸。

此刻，我們應開始籌備第六期國家計畫，余將此任務交付計畫委員會，請委員會依照國家目標擬定政策與各項方案。政策應納入社區與經濟發展所有系統，包括政治體系在內。政策的制定需順應時代要求，同時審慎思考對國家未來至關重要的努力。更重要的，是政策制定與執行均不得損及國家的政治運作、傳統禮俗、文化與宗教。

在充分思考我國追求的目標與利益後，余特頒布以下命令，國內的政策規畫應遵守以下所列條文：

所有政策應支持經濟發展、文化、宗教與政治體系，以達到我國既定的發展目標並強化、維持不丹的獨特性。

吾等應致力透過國內資源提高人均所得，達到自給自足；應力圖增進公共福祉，各項發展活動應根據地方需求適當分配。國家目標應建立在計畫委員會設定期限內發展工程收支連動原則上，增加所得。

吾等應保護環境完整，才能享有更好的健康。每個國民都須瞭解政府訂定各項目標的必要性與重要性，負擔相同責任，促進政府與民間的合作關係。

政府有義務推動確保人民和國家福利的事務，一個強而有力且值得信賴的政府也應得到人民支持。此外，民眾是否幸福，是否過著舒適的生活，將是衡量第六期國家計畫是否達成目標的標準。

本旨突顯政府推動國家經濟發展與和平的決心，明令政府應承擔之責、我國發展大方針，以及維護國家法治與安全之必要性。

天龍嘉波 Druk Gyalpo

國家幸福力（GNH）遠比國民生產毛額（GDP）重要。

— 四世不丹國王

3、土地保護與控管

致地政局長 · 木牛年 7 月 11 日（西元 1985 年 8 月 2 日）發布

為避免未來世代面臨土地短缺，國家有必要自源頭進行嚴格控管，限制以地目變更之名，行土地移轉與登記之實。地政局應謹慎行事，恪守土地法相關規定，對於牧地、林地、農地買賣或無償贈予等所有權變更之申請，應加強把關。有關地目變更也須慎重其事，如旱地轉溼地、將旱地與溼地轉為農地，或變更土地用途等。至於政府新取得之土地，包括收歸國有地或閒置地等，不論使用者為何人，是富是貧，若前往民政局登記土地所有權，而地政局長未依不丹土地法相關規定處理時，後果自負。

天龍嘉波 Druk Gyalpo

我們必須整體思考，攜手合作。 — 四世不丹國王

4、不丹母語保存與推廣

致各部會首長 · 水鳥年 9 月 10 日發布於扎西秋宗

宗喀語（Dzongkha）除了為吾國官方語言，有其重要性之外，宗喀語本身的獨特性更是創造國家認同的主要象徵。有鑑於此，王室特別頒布政策綱領，藉此促進國語普及使用。

然而，近來發現政府高層官員對於使用與推行國語不僅興趣缺缺，在各公開集會場合中更無視於聽眾大多為本國國民，外籍與會者僅佔少數，全程均以英語發言亦不做任何翻譯，無怪經常招致民眾批評。

各級公職人員若不對國語給予應有重視，政府與民眾之間的政策與意見溝通管道將形同無效，政府與民眾的合作與和諧關係也可能因此受到影響。

政府各部會首長與副手均有責任與義務通曉宗喀語，並能操流利國語向人民闡述部會目標與國家政策。做不到這點是難以容許的失職。從今日起，各節政府會議或公開集會，即使有外賓在場，無論任何主題的發言與演說都應優先以國語進行，對於外賓再由講者或譯者進行翻譯，或以事後提供文字稿方式為之。所有收文者務必謹記在心，並切實遵守。

天龍嘉波 Druk Gyalpo

語言是創造國家認同的主要象徵。— 四世不丹國王

5、男女平權 · 性別平等

致下議院議長 · 土虎年 7 月 28 日（西元 1998 年 9 月 18 日）發布

在不丹王國內，人人皆有依其能力參與各項公共事務的機會，沒有任何性別歧視或不平等。根據民意代表選舉法，各選區內公民不論男女皆有權參加民意代表選舉。

在多數選區內，出席競選集會的女性選民人數過半，且佔不丹人口百分之四十八。然而爭取民代席次之女性人數非常少，目前下議會僅有三席。民意代表選舉法規定，各選區人民得自由選出代表，國會與政府部門不得因選民或候選人性別而加以區別待遇。卅八席代表任期將於明年第七十七會期後任滿，屆時應選出下一屆民意代表。各選區人民應依法投票選出人民代表，取得多數選票者為當選人。

本旨目的在向全國廿個行政區內所有宗喀發展委員會與格窩發展委員會再次強調，婦女參加選區內民意代表選舉完全合法，當選後將依民意代表法之規定，秉持忠實誠懇之態度，盡一己之力為國家與人民服務。

> 天龍嘉波 Druk Gyalpo
>
> 單憑一人之力無法有效帶領人民邁向和平、繁榮與幸福之路；
> 這件事只有當人民開始自我治理才辦得到。而憲法存在之目的，
> 在於確保主權獨立與國土安全，亦為世代不丹人民之保障。— 四世不丹國王

第三個 11：以 GNH 領導 GDP 的國家政策

6、落實地方分權

致下議院議長 · 土雄虎年 4 月 15 日（西元 1998 年 6 月 10 日）發布

下議會七十六會期應討論並解決的重大議題，便是如何促進國家長治久安。自余執政廿五年來，無時不以國家利益與人民福祉為念，所行所言所思，都放在捍衛不丹主權，確保社會安定與人民幸福之上。

這段期間，我國獨立自主的地位確定，社會經濟隨之發展，人民生活水平提高，幸福滿足感油然而生。余亦致力培養民眾參與國家大事的高度警覺性與責任感，因此才自 1981 年起實施分權政策，在各宗喀設置宗喀發展委員會，又在 1991 年在全國共二百零二個格窩，成立格窩發展委員會。這二個體系均為落實地方分權的有效工具。

今日我國社會遵循經濟發展的路徑，正在穩定中求進步。人民也勇於承擔責任，透過宗喀與格窩發展委員會的機制，參與發展政策的規畫與執行能力有長足進展，攸關國家利害的事務也都能呈至下議院進行討論。

鼓勵民眾參與決策非常重要，因此必須有常設的行政系統，提供公平、有效率的管理，協助人民行使參與的義務。在這個體系當中，吾等同樣需要制衡與節制的手段，以保障國家利益與安定。為達此目標，可行的方式是改變傳統的組閣模式，透過選票產生部會首長，賦予具民意基礎的內閣成員充分的行政權，有效地推動政策。

本令頒布要旨，務使下議院成員以促進國家長久福祉為念，於七十六會期議決以下重要事項：

※ 內閣成員將由下議院（國會）投票產生，因此首屆內閣首長選舉應於第七十六會期舉辦。

※ 下議院應通過決議，明定內閣之功能與職掌。

※ 制訂下議院對不丹國王投不信任投票之辦法。

余長期思考上述重要國事，欲將想法與規畫同下議院成員商討，確認第七十六會期國會應做出明確決議之事項。期盼國會議員審慎議事，採納余之建議，並以此為基礎修改體制，逐步將行政權賦予經選舉產生的內閣政府。

今後，民選部長與皇家諮議會成員將共組內閣。在高教育程度、足堪接掌部會重任之新生代接手前，現任部長繼續留任，相信隨著時間進展，會陸續出現有意角逐內閣部長各職之候選人，在體制穩定後，行政效能必將提昇。

內閣的形成，應透過下議會以秘密投票方式為之。為建立行政機構之良好基礎，內閣首長人選須從政府機構當中職等相當於部、次長之人產生。

候選人必須得到投票人之多數選票始得認定當選，當選後再經國王任命，內閣首長任期五年。之後，下議院再針對各部會首長依序投下信任票。內閣所有決定不得違背經下議院一致通過之決議。由於內閣成員掌有全部行政權，有關國家主權與安全議題才需向國王報告。

下議院應成立由宗教團體、政府，以及全國廿宗喀之各界代表組成之委員會草擬內閣法，提到第七十七會期的國會中審議。

余鑽研國外政治體制並不斷地思考，認為不丹做為一個小國，迫切需要設計合適且可長可久的政治制度，才能捍衛主權獨立，確保社會和平與繁榮。吾人應避免可能動搖民選內閣體制，國家向少數利益傾斜等吾人所不欲見之情況發生，因此建立權力制衡的機制有其必要。此機制對於位處全球兩大人口國之間的小國不丹非常關鍵。考量現勢，吾等必須上下一心，在內閣選舉期間排除所有可能的歧視來源，不論出生地、宗教或階級，一律平等。

為強化政府功能，企盼下議院確立對不丹國王不信任投票之機制，故頒布此詔，當四分之三之下議院成員投下不信任票，國王即應退位，使皇太子接任。

余期盼內閣體系革新順利進行，使行政權逐漸移轉至民選內閣首長，以追求國家繁榮安定。下議院務於七十六會期審議以上事項並通過具體決定。余繼任王位以來迄今，政治事務無不以國家人民優先，為促進國家整體利益全力以赴。

下議院成員審議國事之際，亦應謹記我國和平與幸福為國會之責。倘若國會議員一致同意修改舊制，決定實施內閣民選，對我國發展、國民幸福與社會和諧將有莫大助益。

天龍嘉波 Druk Gyalpo

你們不該只想到少數既得利益者或受其影響，而是提高你們的聲音，
徵詢選區人民的意見，完整地表達地方上的觀點。 — 四世不丹國王

7、重視青少年教育發展

致衛生暨教育部長 · 土虎年 9 月 13 日（西元 1998 年 11 月 2 日）發布

　　不丹是個小型內陸國，政府應致力培養每一名不丹公民，提供足夠的機會，讓所有受過教育的不丹人依其意向為社會服務。同理，公民亦應專心致力為國效命。以忠貞愛國之心來捍衛國家主權並維持各項成就，是人民應負之責。有鑑於國家穩定繫於青年之手，培養青年有效率地承擔這項重責大任是當務之急。

　　為培養年輕世代，政府已經安排各項青年諮詢與輔導方案。衛生與教育部於廷布設立青年諮詢輔導中心，使共約十萬名小學至大學的學子透過這項管道取得各項服務。為使青年輔導方案能永續執行，確保方案的一切架構與資源皆能自給自足是必要的。

　　雖然政府在第八期五年計畫編列三百萬不丹幣做為教育促進之用，該筆預算卻無法用在青年的諮詢輔導與發展方案上。依據現行規定，預算只能用於常規事項。有鑑於此，本詔要旨在於另設永久基金，由政府出資一百萬美元，使該中心具備初期自營能力，衛生教育部也應嘗試向國外籌資，取得最大支持。

天龍嘉波 Druk Gyalpo

國家的未來掌握在兒童手中。—— 四世不丹國王

11-11-11: a tribute to His Majesty the Fourth Druk Gyalpo Jigme Singye Wangchuck

第三個 11 ： 以 GNH 領導 GDP 的國家政策

8、財務監督授權

致審計總長 · 土雌兔年 1 月 15 日（西元 1999 年 3 月 2 日）發布

皇家審計部肩負著政府文武部門資產、收支審計與財務監督的重要任務。

因此，審計人員行使任務時必須摒除己欲，不考慮被調查對象之地位高低，進行徹底而不偏頗之查核。有鑑於此，皇家審計部為獨立行使職權之機關，不隸屬任何部會。

依據第七十六會期國會決議，國家治理權屬於內閣，因此，所有發現問題之調查報告均應直接呈送內閣會議，而非僅提供個別部門。司法部門之審計報告應提交至大法官，軍方審計報告則應交給負責三軍預算之財政部。

至於向國王提交報告，則依往例於特別命令所規定情況，始得為之。內閣會議與各部會收到報告時，應依法回覆收悉以表負責。若未適時回覆，皇家審計部應提醒、查詢並詳加調查，無須有所顧忌。

本旨明定皇家審計部具有獨立行使職務之權，進行調查工作不受其它因素干預。

天龍嘉波 Druk Gyalpo

不論是我、未來任何一位國王，甚至是王室，
要如何處置都操之在民。 — 四世不丹國王

11-11-11: a tribute to His Majesty the Fourth Druk Gyalpo Jigme Singye Wangchuck

9、打擊貪腐的決心

致肅貪委員會 · 木鳥年 10 月 30 日（西元 2005 年 12 月 31 日）發布

以下人事變動即日起生效。現任外交部長納登·贊莫將轉任肅貪委員會主席，任期至新國會成立。待新公布之憲法宣布實行代議民主之時，國會即應成立。

我國歷經快速的經濟發展，人民的思想也在轉變。受到既得利益者的不良影響，政府與私部門均出現貪污情事。倘若不立即採取行動阻擋此趨勢，未來將演變成極為嚴重的問題，政府與民眾將蒙受其害，國小人稀的不丹將難以承受。有鑑於此，每一名不丹人都應致力打擊國內貪腐。此刻正值吾等創建國會民主制的關鍵時刻，必須在貪污發軔初期就應加以扼止並剷除不良風氣，因此先行在新憲法公布之前成立肅貪委員會，希望為委員會奠定堅實的基礎，以期有效發揮功能。

肅貪委員會行使職權是基於效忠政府與人民全體，因此不受任何權勢影響，運作透明，一律平等不歧視。委員會應針對公共資源遭有心人士中飽私囊之行為展開及時且有效的調查，扼止不良風氣，掃除貪腐之習。為達此目的，特授權肅貪委員會可對不丹境內任何人行使調查權，不論其身分地位。

天龍嘉波 Druk Gyalpo

不丹的每一人，不論是皇室成員、文武百官或平民百姓，不分貧富貴賤，
在法律前一律平等。任何人的權利受到非法侵害都有權要求司法公正裁判。— 四世不丹國王

11-11-11: a tribute to His Majesty the Fourth Druk Gyalpo Jigme Singye Wangchuck

10、不丹民主化的推手

致選舉委員會 · 木鳥年 10 月 30 日（西元 2005 年 12 月 31 日）發布

為確保國家長治久安而展開的不丹王國憲法草擬大工程已在全國展開，廣徵全國廿宗喀人民意見的程序也正在進行中。

當憲法生效，代議民主制度啓動時，妥善的選務安排至關重要。但新制開始之前，吾等有必要做好事前準備，因此指派原審計總長肯贊·旺迪接掌選舉委員會，任期直到新憲法架構下成立的新制國會重新任命為止。這項任命另一層深意，是希望在國家逐步實踐民主，熟悉民主程序的過程中，事先奠定選舉委員會的運作基礎。選委會主席應謹守對國家人民忠誠奉獻之原則行使其職務，對所有人不得區別，不因其宗教或居住地而歧視對待，建立良善的選舉系統以為當前與未來的社會創造利益。

為符合憲法規定，每宗喀依人口多寡，進入下議院的代表席次最低二席，最高七席。選委會應加以清查各選區人口，以確定國會成員數。有鑑於此，選委會必須與相關部會共同研商，包括劃清宗喀與格窩層級的行政區界。

選委會必須完成國會與地方選舉之相關造冊、排程，同時做好監督、指揮、管控與投票安排。選務人員應於未來二年內，亦即二〇〇六與二〇〇七年間，接受選委會培訓，熟悉工作內容，以期在二〇〇八大選年順利完成任務。

天龍嘉波 Druk Gyalpo

憲法必須要能確保國家的福祉，滿足人民的需求和渴望。

今日的不丹非常的幸運，

因為我們還有時間和機會來完成這個我們所珍視的目標。

— 四世不丹國王

11-11-11: a tribute to His Majesty the Fourth Druk Gyalpo Jigme Singye Wangchuck

11、國王宣布退位聖旨

火犬年 10 月 20 日（西元 2006 年 12 月 9 日）發布於扎西秋宗

去年國慶日余宣布即將退位的消息，也向內閣政府說明這項決定。此時即為余卸下重任，將王位傳予宗薩宗總督吉美‧格薩爾‧南嘉‧旺楚克的時刻。

不丹正緊鑼密鼓，準備於西元 2008 年邁向國會民主制，爾等必須全心全意，矢志捍衛不丹主權與安全，絕不妥協，保障國家的自由、公義與和平，促進團結、幸福與世代人民福祉。

過去卅年間，我國在各方面皆有長足進展，此應歸功所有不丹人民。護法大師、皇室政府官員、企業界、國安部門，以及全國廿個宗喀人民對余之支持和國家效忠之情，對此不勝感激。

當專屬於不丹的君主立憲新制上路之後，我國將能迎接新世紀，未來必將光明燦爛。余有信心，第五世國王的繼任必為國家帶來前所未有的進步榮景。

傳位吾兒之際，余亦對不丹人守護國土的能力充滿信心，因為不丹人民一向是傳統文化最佳的守護者，也是國家安定、主權與永續福祉最終的捍衛者。

祈求蓮花生大士、國父夏尊‧昂旺‧南嘉（Zhabdrung Ngawang Namgyal）與所有守護神持續給予庇護與引導，帶給巴滇竹巴之國不丹美好未來。

天龍嘉波 Druk Gyalpo

我一直都表達得很清楚：人民遠比國王重要。
我們不能因為一個人的出身，而非他的德行，
就將國家的未來交到他的手上。 — 四世不丹國王

註：巴滇竹巴（Palden Drukpa）：亦即「光榮不丹」（Glorious Bhutan），具有歷史和宗教的內涵，這個傳統的國號是由不丹創建者，夏尊‧昂旺‧南嘉所賜予。

第四個

記載不丹發展足跡的 11 場演講

1

1972 年三世國王駕崩
下議院第 37 會期開議演說

1972 年 9 月 10 日

　　今天在國會殿堂上，我將簡短說明先父，也就是為國家鞠躬盡瘁，深受愛戴的先王吉美‧多杰‧旺楚克國王陛下驟逝之事。陛下不久前身染重病，前往肯亞首都奈洛比（Nairobi）接受治療，但即便有醫學和宗教祈福儀式，陛下仍於 1972 年 7 月 21 日晚間 10 點 30 分駕崩，此為國之不幸。惡耗傳來，對我國人民的打擊之深，彷彿黑夜降臨白晝。做為皇太子，痛失慈父之悲傷確實難以承受。

　　然而，所有的人自出生起便得接受死亡終將來臨的事實。我們應該記得，人在俗世的生命只是轉瞬之間，這是不變的定律，先父也不例外。想到先王在世之時，得到全國上下效忠與服從，從無違抗意旨、觸怒龍顏之行，我們的憂傷也許可以稍減。繼續沉浸在憂傷之中於事無補，如果可以的話，為他祈福也許是更好的選擇。

　　在先王治理的時代，所有施政都是為了讓國家依照他擘畫的發展而為。正因為如此，不丹從一個地處偏遠的孤立小國，進入全球主流世界。正如在座各位所知，先王不僅致力改善國家現狀，也顧及國家未來的長治久安。

　　關於先父的火化儀式，最合適的地點應該選在首都廷布（Thimphu）。但我記得陛下去年在彭措林（phuentsholing）病倒時，曾經說過，他的祖先都在布姆唐（Bumthang）的古杰寺（Kurjey Lhakhang）火化，他希望能依例辦理。所以我們遵照先王遺願，古杰寺已經開始籌備火化儀式。

> *所有的人自出生起便得接受死亡終將來臨的事。*
> *我們應該記得，人在俗世的生命只是轉瞬之間，*
> *這是不變的定律，先父也不例外。*

在政事方面，我認為目前最好依循先王訂下的政策方向，由我們共同處理。雖然我尚未累積多方面的經驗，不過上議院和內閣會是我諮詢商討的對象。除此之外，重要國事最好能提到下議院半年一次的會議中共同議決。

至於我個人，我將盡己所能為我們深愛的祖國與人民服務，這一直是我最大的心願。希望在座各位、國有寺院的僧侶、政府官員和全國大眾，能像輔佐先父一般輔佐我。

關於攝政之事，根據下議院一份決議文的第七條，下議院將指派攝政團處理政事，直到我年滿 21 歲為止。有鑑於此，請貴院指派攝政團成員並決議確認這項人事。

最後，希望我國與印度政府的關係能更加深化。印度一向是我國重要盟友。我國至今得享幸福與和平，歸功人人篤信佛教，接受佛陀、法王與僧伽之教誨，也相信因果法則。幸福與和平是基於君民間堅定、純潔的信仰與效忠。我有信心，如果僧眾、政府官員和社會大眾都能為王國著想，那麼不丹王國便能長久享有和平與繁榮。

2

1974年第四世國王登基演說

1974年6月2日，廷布章里明壇體育館（Changlimithang）

　　二年前先王駕崩，全國僧眾、政府官員，還有諸位，我的子民，接納我為王。這段期間我雖忝居皇位，卻未能服務國家百姓。從今日起，我向各位保證將盡最大的力量，以最忠誠的態度，為我的國家與人民奉獻一己。

　　不丹接受海外多國的資金與技術援助總額逐年增加，其中給予最多援助的是與不丹友好的印度。雖然我國的社經發展幾年前才開始，但短短數年間便造就極大的進展。但即使有這些成就，目前我國的收入仍是微薄，連支應一小部份政府支出亦感困難重重。因此，現下最重大的挑戰便是如何達到經濟自主，唯有如此才能確保未來持續進步的空間。不丹人口稀少，土地充足，還有豐富的天然資源，若能善加規畫，相信我們能在不久的將來達成經濟自主的目標。

　　我的子民，你們不該認為人民福祉都應由政府全權負責。相反的，人民只要付出一點努力，遠比政府費盡心力去做來得更有效。如果政府和人民有心，攜手合作一定能共創璀璨前程，促進國力與社會穩定。

　　過去我國因為內戰與衝突連年而民不聊生，直到1907年12月17日不丹第一任世襲君王烏顏‧旺楚克（Ugyen Wangchuck）登基，才開啟接下來的和平盛世。我國能持續享有和平與穩定，要感謝眾神保佑，也應歸功於王國內所有僧眾、政府官員與人民的付出。

　　我的子民，今天我要告訴大家的只有一件事，那就是，只要我們每個人時時謹記自己是不丹人，心中所想和行為舉止都像個不丹人，如果我們對於國土、國民與國王有信心，那麼不丹王國的光芒將更加耀眼，我們也將永享富足、和諧與幸福。

　　今天非常高興有來自世界各友好國家的代表與其它貴賓出席大典。最後，讓我向全國子民與所有貴賓獻上我的祝福，願大家吉祥如意。

第四個 11 ： 記載不丹發展足跡的 11 場演講

3

" 為了國家的未來，最應得到重視的是人民，
因為國家的命運掌握在人民手中。 "

1978 年國慶演說

1978 年 12 月 17 日，蓋萊普（Gelephu）

今天是烏顏・旺楚克國王加冕成為不丹首任國王的大喜之日。過去有很長一段時間，我國飽受戰爭、內亂與貧窮之苦，這是一段血淚斑斑卻也十分重要的歷史。

烏顏・旺楚克即位後，首次一統國家，開創太平盛世。因此我們將今日訂為國慶日。然而，我們一直等到今年才在不丹南部與我們的同胞一齊過國慶日，我感到非常欣慰。

我國的重要國策是鞏固主權，經濟自足，追求國家與人民的幸福。國家正處於發展關鍵期，政府與人民的第一要務是攜手合作，共同為國家發展而努力，才能達成經濟成長與自給自足，使國家主權得以強化。這點之所以重要，是因為有些人認為大筆的外援和技術協助得來容易，但這種想法會讓我們怠惰，想完全依賴外部力量來滿足人民與國家的需求。我們必須明白，過於依賴外援只會擊垮我們的意志與更高的理想。

雖然我們是開發中小國，人民與政府卻從最小型的發展工程做起，希望靠著努力與合作達成國家經濟自主的目標。今天很高興地向各位報告，連已開發國家都十分讚許我們的政策。我希望大家知道，我非常以你們為榮，尤其是你們展現的責任感、付出、忠誠、犧牲，還有實現夢想的偉大意志力。

我時常聽說有些南不丹人並不認為自己是真正的不丹人。說南部人不是不丹人，只是因為這裡的同胞是尼泊爾人或是來自卡林邦（Kalimpong）與大吉嶺（Darjeeling）印度人。事實上並非如此，你們跟尼泊爾人或印度人最大的不同，在於你們都是天龍之國的子民，所以我們就是一家人。

從明天起，我們將陸續舉辦發展會議，我也會與人民代表見面商討。我向各位宣布，只要是關係到南不丹的發展，從畜牧業、農業、學校、醫院、經濟作物到整體發展，我將親自參與監督工作。我們所期待的發展工作都是對人民有用、有益，也是有需要的項目。任何人有私人問題或碰到困難，我向你們保證，我都會親自處理，就像幫助家人解決問題一樣地重視。

為了國家的未來，最應得到重視的是人民，因為國家的命運掌握在人民手中。我相信，如果人民與政府攜手合作，有決心，有毅力，團結一致，如果我們能靠自己努力發展國家社會，那麼國家必能日益茁壯，全國上下將得到無限的喜樂。

我要再次強調，能到蓋萊普歡度國慶，我心中感到無限喜悅。看到南不丹的發展工作，還有跟同胞共處一堂，更令我欣慰。在此祝福兄弟姐妹吉祥如意！

第四個 11 ： 記載不丹發展足跡的 11 場演講

> " 只有開明而高瞻遠矚的領導，才能促使大國如印度，和小國如不丹，秉持著和諧、理解與友誼，和平共存。 "

4

1984 年印度共和日慶祝大會演說

1984 年 1 月 26 日，新德里

我們非常高興來到新德里參加不丹最親密的盟友與鄰邦印度的共和日慶祝活動。看到印度自獨立建國以來社會的大幅進展，我們深感喜悅。印度在總理英迪拉・甘地（Indira Gandhi）夫人堅定且激勵人心的領導下，開啓大規模的社經發展。

做為真正的朋友和支持者，我們與印度同喜，也恭賀印度成就這番艱鉅的建國使命。在國際上，印度儼然位居第三世界的傑出領導，對促進國際和平與安全有卓越貢獻，令我們無限景仰。

自從不丹結束孤立，開始與外界接觸後，我們參與許多國際和區域組織，也為印不傳統的雙邊關係帶來意義非凡的新面向。由於兩國的友好關係，我們在所有國際、區域場合中一向是緊密合作。在南亞大陸上，我們則透過南亞區域合作聯盟的平台，共同促進本區各國的邦誼。

印度與不丹這幾年已建立起互惠的雙邊關係。在印度第一任總理賈瓦哈拉爾・尼赫魯（Pandit Jawaharal Nehru）與先父吉美・多杰・旺楚克國王立下榜樣之後，我們也向世界展現，只有開明而高瞻遠矚的領導，才能促使大國如印度，和小國如不丹，秉持著和諧、理解與友誼，和平共存。

期盼印不兩國悉心呵護的互惠與友好關係長存，並成為其它國家仿效的範例。

祝各位吉祥如意！

第四個 11： 記載不丹發展足跡的 11 場演講

5

1985 年國宴演說
印度總理拉吉夫‧甘地來訪

1985 年 9 月 29 日

> " 1958 年，總理尼赫魯（Nehru）便曾騎在馬與犛牛背上，穿越不丹的春丕谷，創造歷史性的一刻。此次造訪的結果，使不丹向外界開啓了封閉長達數百年的國門。 "

總理閣下，

我們非常高興，竭誠歡迎總理閣下偕同家人來訪不丹。您今日的造訪再次重申兩國間歷久彌新的邦誼常青不墜。

閣下接任總理一職後旋即宣布不丹將是您出訪的首站，公開而親善的表態令不丹非常感動。得知閣下將首次造訪不丹，我們都很期待能將如此大事安排在一年裡最宜人的季節。

不丹對閣下今日的到訪感到非常驕傲，也更加欣喜，希望總理賢伉儷與家人，以及訪問團所有成員在不丹享受愉快舒適的時光。印不兩國因為友誼和相互理解所共同營造的和諧信賴關係並非今日才發生。早在 1958 年，總理尼赫魯便曾騎在馬與犛牛背上，穿越不丹的春丕谷，創造歷史性的一刻。此次造訪的結果，使不丹向外界開啓了封閉長達數百年的國門，更藉由印度在資金與技術上的慷慨協助，啓動社會與經濟的快速發展。在這些年當中，尼赫魯閣下與先父，為印不友誼奠下堅實的基礎。

英迪拉‧甘地夫人對於印不兩國堅定與不朽的友誼做出許多貢獻，使這層關係進入新的境界。在國際關係史中，如甘地夫人與先父般交情甚篤的鄰近兩國元首關係實屬罕見。這個傳統代代相傳，且日益深厚。因此我深信總理閣下與我之間，早已存在一份友好與體諒的情誼，這將是雙邊關係維持和諧的要素。

閣下接任總理短時間內便有不凡的成就，容我再次表達我的欽佩之意。印度國內有些問題一直在侵蝕國家體系，是您運用政治智慧與勇氣才得以解決。您推出一連串從教育到經濟，強調科技發展的政策轉變，必將帶領印度成功邁向廿一世紀。對外，您擔任不結盟運動主席，積極處理多項重要議題，主辦六國高峰會討論裁撤核武等，得到國際間廣泛肯定。您改善印度與鄰國的關係，更使得南亞的政治氛圍出現正面而顯著的變化。印度也及時主動並有效地化解斯里蘭卡種族問題。身為閣下與印度真誠的友人，我祈盼這些為達成崇高目標所做的努力都能成功。相信在您睿智的領導下，偉大的印度共和國將國運昌隆，貴我兩國的友誼也隨著時間更加增長茁壯。

此時此刻，很高興見到印不之間的關係建立在全然的信賴與友誼基礎上。在所有牽涉印不利益的事務上，我們彼此都取得共識，密切的合作也逐漸擴展到各個領域，使貴我兩國人民相互友好並加以尊重。我們向世界展現一個成功範例，那就是開明、有遠見的領導，可以讓大國如印度，和小國如不丹之間，在和諧、信賴與合作的基礎上和平共處。

希望這充滿幸福與互惠的關係，能為世界其它國家帶來啓發。

還請各位貴賓與我一同舉杯祝福拉吉夫‧甘地（Rajiv Gandhi）總理閣下身體健康，並祝友善的印度人民吉祥如意！

第四個 11： 記載不丹發展足跡的 11 場演講

6

1985 年第一屆南亞區域合作聯盟高峰會演說

1985 年 12 月 7-8 日，孟加拉達卡（Dhaka）

主席、敬愛的各國元首、各位貴賓、女士先生，在此向諸位一致選出的第一屆南亞區域合作聯盟（SAARC）高峰會主席表達祝賀之意。此次大會是本區歷史性的一刻，象徵各國對促進區域和平、合作與前進的一致共識。

主席先生，由於您崇高的國際地位，各國今日才能齊聚一堂，將未來二年執掌區域秘書處的重責大任付託與您。我們其餘各國願意全力支持，助您實現 SAARC 的崇高目標。

我國與孟加拉有著密切的友誼與合作關係，因此會議在孟加拉首都舉辦令我無限歡喜。峰會由達卡主辦，正是肯定孟加拉在 SAARC 正式成立過程中扮演的關鍵角色，也代表各國對您領導區域組織的智慧與能力深具信心。非常感謝您與貴國國民的精心安排，以及對我和我國代表團熱忱而慷慨的接待。

正當我們的區域整合與團結啟航之際，我們希望向二位目光卓絕的領袖致敬，感謝他們持續推動 SAARC，卻無法在此時與我們親迎 SAARC 的誕生，那就是倡議南亞區域合作概念的孟加拉前總統齊亞‧拉赫曼（Ziaur Rahman），以及在關鍵時期不遺餘力的前印度總理英迪拉‧甘地。

經過五年漫長而費盡心力的推動，我們建立南亞區域合作的努力終於在此次高峰會達到巔峰。接下來兩天的會議，我們將在互諒、友好與互信的基礎上，啟動足以創造區域和平與合作環境的機制。有鑑於本區政治與戰略上的分歧，以及各國規模、資源與發展程度不一，這個過程的困難度可以想見。另一方面，我們也必須牢記，即使各成員國存在諸多歧異，我們在地理上終究屬於一體，本區人民和平共處的歷史長達上千年，許多價值觀都是來自這份共同的記憶。

主席先生，將會議中的討論限制在非政治議題，是不可能達成也無法令人滿意的，因為所有的討論將毫無疑問地被本區的政治生態所籠罩。考慮到本區存在的地理政治現實，刻意忽視政治因素扮演的重要角色是不切實際的。南亞區域合作的樣貌與廣度，最終仍將取決於本區的政治生態。

我們最大的阻礙不僅僅是源自過往的心理與情感障礙，而是恐懼、焦慮和對當下的詮釋。如果期待真正的區域合作，即便大家在政治與安全方面依然存有巨大的差異，我們還是必須設法使疑慮轉化成理解與信任。區域間出於歷史情結而產生的狹隘國族主義，必須使其昇華與轉換，使得大國的寬廣胸襟相當於小國的真誠友誼，以此為基礎創造和睦關係。

全球日益昇高的軍事支出與軍武競賽令人極度憂心，幸好不久前在日內瓦舉辦，由兩大超級強權領袖出席的高峰會，讓我們感到振奮並得到勇氣。期盼這項倡議可形成足夠的動力，持續推動逐步裁減核武的進程。

很遺憾地，本區軍備競賽的形勢日益緊張，甚至已經走向發展核武的階段。此刻我們齊聚一堂呼籲全球裁武，那麼區域內可怕的核武政治現實，也應透過相關國家間有意義的對話，有效地解決。我們堅信 SAARC 有能力，也有責任扮演決定

> 我熱烈地期盼未來的世代在回顧這場畫時代高峰會時，對它的定位是：南亞各國關係進入新時代的開端，帶來區域和平、實際合作、真誠友誼與互惠繁榮的第一道曙光。

性的角色，增進區域內成員彼此瞭解，創造一個有助於化解歧異的氛圍。

南亞是人類文明最早的發源地之一。

我們都是燦爛輝煌的歷史遺產繼承人，但本區今日的社經發展卻令人沮喪。我們擁有十億人口，是世界總人口的五分之一，居住面積佔全球陸地 3.3%，但每人平均所得不到全球的十分之一。經濟成長率低，加上高人口增加率，使得近半數人口陷入絕對貧窮的處境。在這麼不利的條件下，重視自給自足的區域合作便提供了可行的替代發展策略。

就我們的觀點來看，透過區域合作架構形成的相互依存關係，使成員達到集體自給自足的目標，不只令人嚮往，在目前的全球環境下更加有必要。

當前的國際環境對於以國家為單位的經濟體加諸許多侷限，但同時也造就區域選項，開展了更寬廣的南－南合作空間。

我們必須堅持信念，為建立國際新經濟秩序而努力。關於國際經濟和南－北關係，南亞國家的立場一致。現在我們需要這個屬於自己的區域組織，針對各國的國內經濟政策加以協調整合。

一旦區域合作帶來明顯的經濟效益，信賴關係建立起來，那麼更加互惠的經濟合作範圍也能進一步拓展。在這方面，涵蓋九大領域，具有直接興利功能的「整合行動方案」，是一項了不起的成就，但除此之外，其它面向的連結至今還是相當薄弱。我相信此次高峰會能產生更強的推力，使那些應該進入合作架構的領域有所突破。

不丹王國一開始即是區域合作的忠實支持者。我們認為，決定這個理想能夠實現的關鍵，在於本區七國對於 SAARC 基於主權平等、和平共存與互惠互利而提出的原則與目標，是否能給予堅定的承諾。正因為我們的人民懷抱著共同的希望與期待，才有這場峰會，使大家聚在這個最能集中智慧、遠見與政治意志的場合，實現人民的願望。我們深信，各國領袖若以此為己任，堅守立場，我們便能預見此次峰會與未來區域合作的光明美景。我們大力贊成南亞區域合作聯盟的建立，並保證不丹將全力支持。

主席，在我談話的末了，我熱烈地期盼未來的世代在回顧這場劃時代高峰會時，對它的定位是：南亞各國關係進入新時代的開端，帶來區域和平、實際合作、真誠友誼與互惠繁榮的第一道曙光。

敬祝各位吉祥如意！

❝ 我們的社會很幸運地未受毒品污染。我們虔誠的信仰、傳統的價值體系與緊密的家庭關係,到目前為止充分保護人民不受毒品誘惑。 ❞

7

1989 年反毒日演說

1989 年 12 月 8 日

1989 年 12 月 8 日剛好是南亞區域合作聯盟憲章制訂四周年慶,我們所有的 SAARC 成員國在這天同步舉辦反毒日宣導,希望這項活動能提高民眾對於毒品走私的認知。SAARC 訂 1989 為反毒品濫用與走私年,今天是不丹與南亞地區響應此訴求一連串活動的高潮。

全球毒品非法交易的問題日益嚴重,產生的不良後果更令人擔憂。天然與合成毒品的非法生產與交易,經常伴隨著武器買賣、走私、恐怖主義與顛覆政權等組織犯罪活動。毒品非法使用與交易助長犯罪與腐敗,更破壞人民的道德觀與幸福感。

近年來,各國國內、區域和全球各界都強烈希望解決毒品問題。許多國家已經採取行動,試圖一舉消除此等禍害。在聯合國的支持下,這幾年也有許多區域性和國際性的積極行動,尤其是強化監測與協調的機制。

想有效打擊戕害社會的毒品,全國人民必須投入個人和集體的努力。我們所處的南亞,早就成為毒品交易與濫用的溫床,政府再怎麼努力打擊犯罪依然無法遏止這個趨勢。此議題在 1985 年第一屆達卡高峰會中已經提出來討論過,因此 1986 年成立防治毒品非法交易與濫用委員會,希望以地區為基礎對毒品問題共同做出因應。在委員會的努力下,已經看到不少令人滿意的成效。

我們的社會很幸運地未受毒品污染。我們虔誠的信仰、傳統的價值體系與緊密的家庭關係,到目前為止充分保護人民不受毒品誘惑。然而,我們也瞭解,不丹王國也許無法完全隔絕毒品入侵。有鑑於此,不丹皇家政府在 1988 年頒布「麻醉藥品及精神藥品申報法」,建立控制毒品與處罰違法的法律架構。

我們很高興能在今天與 SAARC 所有成員一起宣示打擊本區毒品濫用與非法交易的決心。

最後,祝各位吉祥如意!

Photo courtesy: Lyonpo Sangay Ngedup

第四個 11 ： 記載不丹發展足跡的 11 場演講

8

慶祝登基廿五周年演說

1999 年 6 月 2 日，廷布

今日的活動目的，並不是為了慶祝我執政廿五周年。我們今天要慶祝的是國家目標的達成，發展政策與方案順利執行，人民的願望得以實現，還有全民福祉與幸福提昇。因為有了這些成就，我們才在今天歡欣慶祝。

今天世界上有許多國家依然飽受饑荒、疾病、內戰與武力衝突之苦，讓數千萬人不得不忍受極大的苦楚與磨難。但在不丹，雖然只是內陸小國，我們卻一直非常幸運，不丹人應當珍惜這些年來我們享有的安定。政府與人民都應與時俱進，將國家利益視為優先，以愛與奉獻服務國家。

自我十六歲登基至今，我的子民們對我全然的效忠與信賴，從不吝惜給我最大的支持。因為國民的積極和參與，我們才能達成自己設定的國家目標，使經濟發展起飛。因此我想藉今天這個機會，向僧眾、政府、軍警、產業界，還有全不丹廿宗喀的人民致上深摯的感謝。

自從不丹開始計畫發展之後，我們親密的鄰國盟友印度便持續提供援助與合作。許多友善的國家和聯合國，以及聯合國專門機構與組織，也慷慨給予援助，合作與祝福。今天我代表不丹政府與人民，向所有朋友和援助者表達最深刻的感激之情。希望不丹和所有友好國家與人士之間的友誼常存。

我們的計畫發展從 1961 年開始，雖然只有短短卅八年，但進展的程度與速度都優於其它比我們更早啟動發展工程的國家。在過去卅八年中，我國達成前所未有的發展，人民的福祉與生活品質也有大幅進展。在此同時，我們也有能力透過文化傳統的保存與促進，塑造不丹的獨特性。此外，我們對於保存自然環境的成績也感到滿意，這已經是全球視為典範的成功經驗。不丹人有充分的理由感到快樂與自豪。

史書對於不丹的記載始於七世紀。不丹歷經許多困厄，但一直維持著主權獨立，從未被任何人征服或殖民過。今天，如同各位所知，我國最嚴重的安全威脅是來自阿薩姆地區的武裝好戰分子在境內活動。讓這些好戰分子盡快離開不丹是最重要的國安挑戰。不管有多困難，我們必須早日達成這項任務。我向各位保證，一定會負起安邦定國的責任，務使國家安全與人民福祉不受威脅。

身為國王，要擔負的一項重要責任便是使人民積極參與國家的治理工作，共同捍衛國家權益。為了達成這項目標，我們在去年開始一連串重大的政治革新。這些改變都朝著強化國家安全，促進國家利益，以及確保不丹人民的福祉這三項最高目標在進行。我希望提醒各位，不管是政府或人民，都應時時謹記國家利益至上做為思考與行動的優先準則，人人都應齊心齊力為國服務。

> *身為國王，要擔負的一項重要責任便是使人民積極參與國家的治理工作，共同捍衛國家權益。*

今天有很多學生來參加慶典。我想告訴所有的學子，認真學習，把握政府提供給年輕人的教育機會，這對你們來說是很重要的。在完成學業後，每個人要秉持忠誠與奉獻的精神，為國家與政府效力，運用才智增進社會的發展與福祉。我總是不厭其煩地提醒人們，國家的未來，不管是向上提昇或向下沉淪，都掌握在年輕一代的手中。你們的一言一行將決定國家的未來，而我們也有信心，相信你們有能力實現我們的夢想和全國的期盼。正因為這個信念，我們認真地付出，將你們培養成足以肩負不丹未來的青年。

另外要跟我們人民報告的是印度政府已經同意楚卡電價大幅調漲。收入增加對我國的好處很多，包括我們一直希望達成的經濟自主。我很高興跟大家宣布，由於這項新增的收入，原先打算增加個人所得稅的草案目前可暫時擱置。還有，政府也在規畫自本會計年度七月開始，為公務與軍警人員調整薪資與津貼。在此代表不丹政府與人民，向我們的親密盟友與鄰國印度表達感謝。

不丹開放電視與網路，反映出社會的進展程度。但我想提醒年輕人，電視與網路雖帶來無限的可能，但在享受這些好處之外，科技對個人與社會也可能帶來負面的後果。

我相信你們在使用網路與電視時，都能運用自己的常識與判斷。我深切希望不丹在開放電視與網路之後，人民與國家皆能受惠。

不丹是沐浴在佛法中的佛教國家，因為受到蓮花生大士的庇佑而成就極樂秘境。我們敬愛的國父夏尊‧昂旺‧南嘉是偉大的政治家、統治者，也是令人愛戴的宗教領袖，不丹何其有幸！願燦爛輝煌的天龍之境不丹國運昌隆，也願幸福之光永照不丹，再願不丹人民永享和平。

今天很高興看到大家都能出席慶典，我們就像一家人那麼親密。

在這格外幸福的時刻，祝不丹廿宗喀的百姓吉祥如意。

9

2001 年國慶演說

2001 年 12 月 17 日，旺都博朗（Wangduephodrang）

國慶日是個普天同慶的好日子，首先向所有國民祝賀，願大家吉祥如意。

如各位所知，促進國家社經發展的第八期五年計畫在 1997 年開始，明年六月底即將結束。在這段期間，我國面臨叛亂分子的顛覆行動，以及阿薩姆武裝好戰分子拒絕離開不丹帶來的國安問題。不過，雖然有這些安全威脅和其它棘手的挑戰，我們的發展計畫順利執行，不丹廿宗喀的人民生活水準顯著提高，這是大家深感光榮的成就。我藉著今天的機會，代表不丹政府與人民，向我們最親密的鄰邦，印度政府與人民至上最深的敬意與感謝。另外也要感謝所有的援助國和聯合國各機構對不丹的慷慨協助與友情。

第九期五年計畫將從明年七月開始，總開發預算約為七百億不丹幣，不包括水力發電工程和產業設置的成本。這期計畫要進行的政策、計畫與發展工程很多，其中最重要的三項目標是確保格窩層級的計畫順利執行，大型發展的支出應以增進人民收入為原則，第三是提供年輕人合適的就業機會。

要確保格窩計畫與發展的順利執行，最重要的工作就是為我國二百零二個格窩做最好的規畫。宗喀發展委員會與格窩發展委員會法已經重新修訂，人民得以充權，有能力靠自己來執行地方性計畫。政府對人民負起這項任務的能力有足夠的信心，這是因為人民自己會選出最適任的宗喀與格窩發展委員會成員。全國選出的格窩發展委員會成員人數超過三千名。格窩發展的成功或失敗，都取決於人民代表的素質與能力。

第九期的發展計畫會用到大筆預算，因此金錢的妥善使用非常重要，最高原則便是使人民福祉最大化。我們要鼓勵人民主動參與發展計畫的執行，這等於是把經費直接交給不丹人民，提高人均所得。

現今有許多年輕人找不到合適的工作。政府不僅有責任協助不丹青年就業，更應該讓年輕人在國家發展的過程中扮演有意義的角色。

假使第九期發展計畫受到國安問題的影響而難以進行，我們必須盡一切力量維持大型發電工程，務使工程不受任何阻礙，按時完成。我要特別強調，預計在 2005 年完成的塔拉水力發電計畫，一旦開始發電，將為我們帶來 120 億不丹幣的年收入，使我國達到第九期計畫中格外重視的經濟自主目標。世界上許多國家的發展程度各異，但最能測量一國實力與人民福祉的指標，就是經濟自主的能力。

我希望人們知道，政府決定為不丹王國起草一部憲法，起草委員會由大法官主持，率領卅九位成員，其中有下議院議長和每宗喀國會議員共廿名、上議院所有成員，以及政府代表。在憲法起草的這段時間，最重要的事情是捍衛國家主權與安全，保障人民福祉，以及建立一套最符合國家長久利益的民主政治體系。國王的重要責任之一，就是使人民透過一套充

滿活力的政治系統，具備治理政府與看管政府的能力。要達到這個目標，我們就該把握時機，創建一部最好的憲法，確保國家的長治久安。新憲法草擬完成後，會在全國廿宗喀公告周知。在下議院正式通過不丹憲法之前，我們會舉辦密集的諮詢會議，讓政府與人民對草案內容表達意見。

全國人民都知道，我國今日面臨的最大安全威脅，是擅入不丹領土又拒絕撤離的阿薩姆武裝民兵。不丹皇家政府在今年六月與阿薩姆（Assam）聯合解放陣線（ULFA）領袖舉行會談，也簽訂協議，ULFA 依協議承諾關閉四個據點，皇家政府也會繼續努力，透過和平對話來解決問題。我們最擔憂的，是和平對話的種種努力沒有結果，阿薩姆武裝分子持續佔據不丹領土，在窮盡所有和平手段之後，我們只能被迫使用武力來驅逐 ULFA 與波多武裝分子。

大家要有心理準備，一旦武裝衝突在國內爆發，不管政府或人民如何努力，我們都不可能繼續執行第九期的發展計畫。如果沒辦法運用第九期發展計畫的七百億不丹幣預算，政府將會面臨許多棘手的問題，而人民的客都計畫也難以執行。在國家發生武裝衝突時，各項建設與服務都可能遭到武裝分子的破壞，不管是軍警、文官、商人和農夫，都可能遇到危險，許多人也可能因此喪生。

為了保護國人生命，有安全疑慮的地區從西部的拉摩敬卡（Lhamoi Zingkha）到東部的戴方（Daifam），必要時我們將安排此區八萬多人撤離，疏散到其它較安全的地區。

如果必須走到這一步，就表示八萬名不丹人必須離開家園，拋棄自己的房屋與土地，在自己的國家過著如同難民般的生活。但政府絕不會置之不理，必將動用可能的資源和一切力量照顧受到波及的百姓。我們都要明白國內一旦出現衝突，整個社會受影響的程度。

正當國家遭逢困難之際，所有不丹人的心態與行為都應秉持著為國忠誠與奉獻的原則，為捍衛天龍之國做出必要的犧牲。我深信所有不丹人都願意挺身守護，矢志保全國家的主權與安定。

第八期計畫已近尾聲，政府與人民必須攜手合作，不畏當下困境，讓第九期發展計畫順利進行，使各宗喀人民受惠。我也祈禱人民與國家永享和平與快樂。

祝各位在這愉快美好的國慶日裡，充滿幸福喜樂。

10

2002 年國慶演說

2002 年 12 月 17 日，薩姆奇

　　如各位所知，第九期國家五年計畫自今年開始實施。此次的發展預算是七百億不丹幣，不包含水力發電工程與產業設立的開支。謹代表不丹政府與人民，向我們關係最密切的發展夥伴 ─ 印度政府，還有其它慷慨解囊，協助不丹社經發展的援助國和國際組織致上深深的感謝。第九期五年計畫列出許多必須完成的重大目標，其中最重要的是下放中央政府的權力給各地的宗喀與格窩發展委員會。

　　各宗喀與格窩的發展活動總花費是一百七十億不丹幣，不包括來自中央的方案。全國廿個宗喀發展委員會與二百零一個格窩發展委員會的民意代表人數共有 2,914 名。隨著各級發展委員會取得行政與預算權，讓選民投票選出能力最佳的代表進入宗喀與格窩發展委員會，變得非常關鍵。我們應該牢記，村里、格窩與宗喀的進步發展程度，有賴於人們積極參與第九期計畫的執行工作。

　　現今的世界上，我們看到很多國家面臨政治、社會與經濟困境。在不丹，自從 1998 年起，原本屬於國王的行政權移轉到總理和內閣會議，經由民選的內閣已經展現良善治理的成績。

　　我要向內閣在這四年半來盡忠職守的辛勞付出表達感謝。

　　明年 6 月之前，我們應該對民選內閣首長行使信任投票。我國發展的腳步快速，為了符合人民的期待和因應與日俱增的挑戰，政府的工作負荷日益增加，我想有必要設置新的部長職，擴大內閣規模。在內閣的規模與職掌擴大後，便需依據第八十期下議會的決定，與盤據不丹境內的好戰分子展開會談。我們的目標是希望這群武裝分子設在不丹境內的總部能撤離。假使和平會談的方式沒有結果，這些來自阿薩姆與北孟加拉（North Bengal）的武裝人士拒絕透過和平會談的程序離開不丹，那麼我們只能走上以暴制暴，用武力將其驅逐一途。這將會是一場戰爭，因此我們必須有心理準備，國家安全在此情況下必將大受威脅。我們會面對生命的喪失、經濟困境，不丹各行各業的人都會受到極大的影響。

　　今年 11 月間，憲法起草委員會已經完成第一版的憲法草案。我希望各位明白，憲法並不是國王送給人民的禮物。相反的，讓憲法來護衛國家的最佳利益是國王、政府與廿宗喀人民的神聖任務。我向各位報告，憲法起草委員會大約在一周前將草案交給我，但定案前還要向民眾多加諮詢。草案內容我將仔細研究，然後把更完善的草案在全國廿宗喀廣為流通，我個人也會偕同起草委員拜訪每一宗喀，與人民進行討論，確保人民的意見都能納入憲法內，最後再送到下議院。讓民眾與政府一同制定憲法是一件非常重要的事，只有這樣才能落實不丹人民的期望，促進國家利益，捍衛不丹的主權與安全，同時也為政治體系打下堅實的基礎，讓這套制度造福現在與未來的世代。

　　教育部門的成功，在於全國廣設學校，提高就學兒童的數量。估計在未來五年，我們要為五萬名青年提供就業機會。人力資源的發展已列為第九期五年計畫的政府優先工作。在預算方面，將會投入卅億不丹幣的經費，用來做公部門與私部

　　世界上有很多地方，成千上百萬人面臨疾病、饑荒與戰爭等嚴重問題。今日不丹能享有和平、穩定與進步實屬萬幸，千萬不可掉以輕心，認為理所當然。

門的職場訓練。我國社經發展逐漸上軌道，提供人們有報酬的就業是很重要的。而全職、具有發展前景的就業必須依靠產業與私部門的發展。有鑑於此，我們應該投入更多精神促進私部門的強化與發展，讓政府與私部門共同合作，為不丹青年創造優質的工作機會。在敦促校園裡的年輕學生認真學習、報效國家的同時，如果社會不能提供良好的工作，那麼這些道德勸說終究還是無效。像不丹這樣的小國，徹底解決失業問題是政府的要務。我們要盡一切努力確保不丹人都能夠找到工作，享受工作帶來的回饋。

國家建設機場交通

　　不丹目前只有一座設在巴洛（Paro）的小航空站。雖然不能停大飛機，但巴洛機場對於人民和國家已經帶來很大的便利。隨著經濟社會進步，我國也應該有更大的機場以因應貿易進出口成長的速度。我們已經做過不少可行性研究，南部地區因為有叛亂及武裝分子盤據，基於安全考量，是最不可能蓋機場的地點。因此政府決定將機場設在沙喀多卡（Sha Khotokha）並已納入第九期計畫中。不丹必須克服地處內陸的交通問題。沙喀多卡國際機場的興建就是為了解決未來國民的需要，我們也要尋求外界援助才能展開這項建設。我們有信心，沙喀多卡機場應該會跟過去蓋巴洛機場一樣，得到我們的親密盟友印度的全額資助。

土地

　　我國 80% 的人以農業維生。為提高務農者的收入，政府應該提供「客都」土地給沒有適當農地耕作的人。自 1974 年以來，政府已經針對沒有土地或只有旱地的人民實施 102 筆屯墾專案。我們都知道，大部分的屯墾專案是提供給住在不丹南部的「客都」申請人。在這舉國歡慶的日子，我很高興向各位宣布政府即將提供土地給六百戶沒有適當農地的家戶。為使鄉村發展活動順利進行，政府在分配土地時會審核申請人，只有那些農地不夠或必須讓土地休耕的人才有資格使用「客都」的土地。大家也都知道，有些北部沒有土地的人被分配到南部的地，現今我國正值艱困時期，只要是真正的不丹公民，都不會對這樣的安排產生誤解或質疑，因為如果南部的地休耕或無人使用，那麼很可能被叛亂及武裝分子越界佔領。看守並留住國家的土地是每一名不丹公民的責任，不管土地位於南方或北方，皆具有非常重要的國安和主權考量。

　　世界上有很多地方，成千上百萬人面臨疾病、饑荒與戰爭等嚴重問題。今日不丹能享有和平、穩定與進步實屬萬幸，千萬不可掉以輕心，認為理所當然。不管是政府或人民，都必須齊心促進國家的持續發展，使國民福祉提高，同時也要保衛輝煌的天龍之境，幫助祖國度過危機。

　　今天非常高興，能在國慶大典上與親同家人的全國同胞同慶，最後祝我們不丹廿宗喀的人民吉祥如意。

11.

2005 年國慶演說

2005 年 12 月 17 日，札西羊孜（Trashiyangtse）

今天我們慶祝國慶日，再一年半，我們的第九期五年計畫也即將完成。第九期計畫在 2002 年開始，這段期間我們遭逢嚴峻的國安威脅，但這場危機也讓我們成功地強化國安。

我們的政治革新腳步不斷向前邁進，第九期發展計畫也如期執行，人民大幅受惠。明年，塔拉水力發電廠即將峻工，開始為國庫增加四十億不丹幣的年收入。單單是水力發電收益，就可為不丹政府與人民帶來相當大的益處。

一國經濟自給的程度，是全球檢視該國主權獨立地位的指標。達到經濟自給，不依賴他人，一直是不丹努力不懈的重要目標。

我很高興向大家宣布，不丹在西元 2007 年將不再被聯合國歸類為低度開發國家。相較於其它國家用上百年的時間達到目前的發展水準，不丹在首次推動發展計畫後，只花四十四年就在社會經濟各方面有顯著的進步。這段期間國家的發展，還有人民生活的改變，我們用一代的時間便親眼見證到了。

前所未有的進步要歸功於政府健全的政策以及人民持續的努力。不丹的政府與全民都該為這些了不起的成就感到驕傲。

在我國憲法起草的過程中，我們鞏固了國家安定與主權，保障人民的利益。我們也努力建立政治新制度，希望新制能增進國家利益，滿足人民的期待。

憲法的設立只有一個目的，那就是保障國家與人民的長治久安。我在各宗喀向人民諮詢憲法的過程中，發現人民主要意見在於不丹實現國會民主的時間表太快。正如大家所知，宗喀發展委員會在 1981 年開始設置，那是我們第一次做地方分權的嘗試。

十年之後，格窩發展委員會在 1991 年啓動。接著我們又推出新政賦權於民，也把行政和預算權移轉到宗喀發展委員會。

然後在 2006 與 2007 年，選舉委員會透過國會民主和實踐選舉，教育並訓練廿宗喀的人民。在廿六年去中央化與地方分權的過程中，我認為不丹人已經有足夠的能力選擇最好的政黨來治理並服務國家。希望人民能準備好，2008 年在國會民主的架構下參與第一次全國大選，挑選自己的政府。

我在此宣布，宗薩宗總督將於 2008 年繼位為第五世不丹國王。國王累積治理國家的經驗，是非常重要，也有必要的一件事，因此我會在 2008 年前把我的責任移交給宗薩宗總督。我希望，也祈禱天龍之國在吉美‧格薩爾‧南嘉‧旺楚克任內國運昌隆，我國國民能享受更太平繁榮的盛世，所有的國家目標與期待都能實現，不丹人能擁有更高境界的幸福圓滿。

今天，在這普天同慶的好日子裡，祝福全國廿宗喀人民吉祥如意。

Photo courtesy: Lyonpo Sangay Ngedup

第四個 11 ： 記載不丹發展足跡的 11 場演講

11-11-11: a tribute to His Majesty the Fourth Druk Gyalpo Jigme Singye Wangchuck

幸福的心影

在翠綠松柏綴點的不丹王國裡，

這位統領世俗與宗教傳統的守護者，

他是不丹的國王——尊貴至高無上的君主

願吾王萬壽無彊，國土昌盛繁榮，

願覺性的教法茂盛輝耀！

願和平幸福的陽光普照世人！

　　　　　　　　～ 不丹國歌

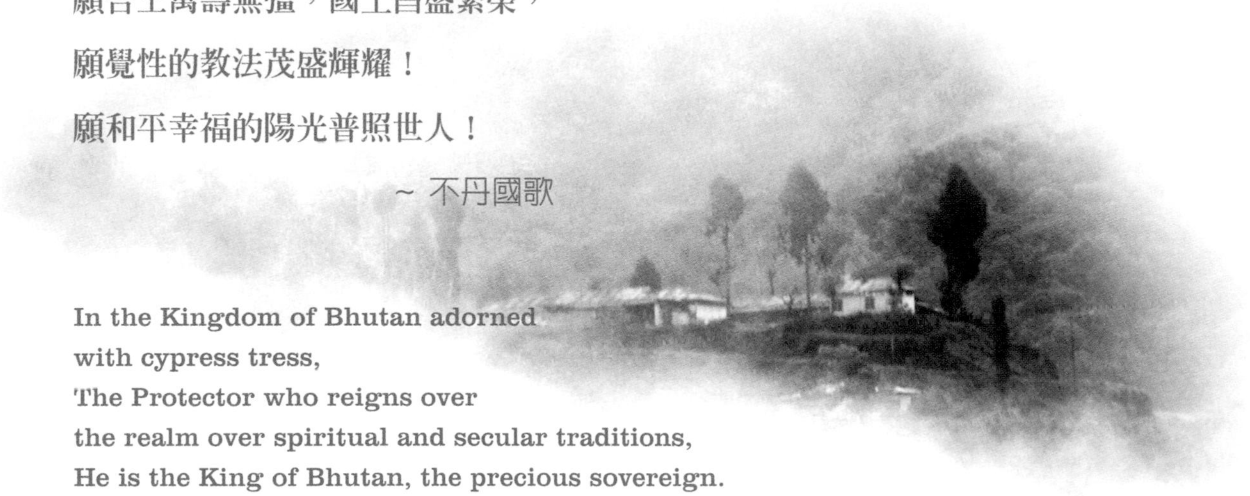

In the Kingdom of Bhutan adorned
with cypress tress,
The Protector who reigns over
the realm over spiritual and secular traditions,
He is the King of Bhutan, the precious sovereign.
May His being remain unchanging,
and the Kingdom prosper.
May the teachings of Enlightened One flourish.
May the sun of peace and
happiness shine over all the people.

　　　～ " The National Anthem of Bhutan "

第五個

王室家族的溫情小語

「國王陛下是鼓勵我的導師，
同時也是溫柔深情的好丈夫…」

Photo c

11-11-11: a tribute to His Majesty the Fourth Druk Gyalpo Jigme Singye Wangchuck

皇太后

雅熙・多婕・旺嫫・旺楚克

Ashi Dorji Wangmo

Wangchuck

　　打從十九歲起，我經常看著吉美・辛格・旺楚克國王陛下為了增進國家福祉，憑藉著他異常清晰的思緒，不捨晝夜辛勤工作。他百分之百投入，專注到六親不認，甚至到了忘我的程度。他心中念茲在茲的，莫過於國家和平、進步、繁榮和民主。國王陛下毫不居功，不求掌聲或虛名，這是他的真性情使然，認為這是他在十六歲登基之日起即被賦予的天職。在我心中，這樣的國王是我們可遇不可求的珍寶，更是無可救藥的愛國份子。能參與他的人生，是我一輩子最感恩之事。在他五十六壽誕，我想告訴他：吾王，您的遠見與無私付出，造就了全民的黃金時代！

皇太后

雅熙・慈玲・彭姆・旺楚克

**Ashi Tshering Pem
Wangchuck**

在國王英明的領導下，我們充分享受和平、繁榮與幸福，本書蒐集所有敬愛、讚美與祝賀之語，難能可貴，卻也恰如其分。我有幸與陛下共同生活超過半生，依然日日為他的聰明、智慧，還有幽默感所折服。我景仰他總是能以那溫暖、仁慈和關懷的性格帶給旁人無限的感動。國王陛下是鼓勵我的導師，同時也是溫柔而深情的好丈夫。我願以我最大的力量來愛他、侍奉他。能做他的知己、伴侶，還有他子女的母親，是我的光榮。我和我的姐妹們所生的兒女，以及他們的下一代，都得到他悉心教養，這是我們莫大的安慰。在 11.11.11 這特別吉祥、佛力無邊的日子，以我所有的愛為吾王吉美・辛格・旺楚克五十六歲生日祝願，您是人民最美好的禮物，巴滇竹巴之子當之無愧！

11-11-11: a tribute to His Majesty the Fourth Druk Gyalpo Jigme Singye Wangchuck

皇太后

雅熙・慈玲・
揚丹・旺楚克

**Ashi Tshering Yangdon
Wangchuck**

依神聖預言出世的國王本不常見，但成就超越預示的國王卻世間少有。四世國王最令我感動的一點，是他對百姓生命與福祉的重視完全出自天性，毫無半點他念。陛下以身作則，仁慈與真誠的基本品德是全家人和全民的模範。在人生旅程中所踏出的每一步，慶幸有陛下無私的指引，我們才能走在正確的路上繼續前行。在此向我們愛戴的國王陛下敬獻生日祝福。

Yangdön Wangchuck.

皇太后

雅熙·桑格·昭德·旺楚克

Ashi Sangay Choden Wangchuck

在這守護神護佑的 11.11.11 大吉之日，僅以此文向國王陛下五十六壽誕致上最深的祝福。陛下是帶給家國智慧與力量永不枯竭的泉源。能追隨他走過一段壯麗的旅程，我深感光榮。這段旅程，象徵不丹史上的黃金時代：前所未有的安定、文化保存與復興、經濟多元成長，以及陛下為民主不丹打造的基礎。不論國事如何繁忙，陛下總不忘慈父的職責，珍惜與家人相處的每一刻鐘，這是他對家庭價值的重視。他兼負的每一個角色都全力以赴，是最好的父親、無與倫比的政治家、識見卓越的愛國者，更是人民心中最愛戴的四世不丹國王。願守護神庇佑吾王，賜予他健康、快樂、長壽，也讓他擘劃的理想境界大願得以實現。

11-11-11: a tribute to His Majesty the Fourth Druk Gyalpo Jigme Singye Wangchuck

太皇太后

雅熙·格桑·
雀登·旺楚克

**Ashi Kesang Choeden
Wangchuck**

給四世國王吉美·辛格·旺楚克

　　很高興知道 MPC 不丹娛樂在 2011 年 11 月 11 日，我兒吉美·辛格·旺楚克－不丹四世國王五十六誕辰出書以表敬賀。讓所有不丹人瞭解國王陛下為增進百姓福祉所做的犧牲奉獻，意義重大。自從陛下十六歲登基，無時無刻不為著王國的安定、幸福與主權而努力。我們實在很幸運，能遇到真正的法王－吉美·辛格·旺楚克國王。他不僅是偉大的佛教護法，也是國家幸福力的發想人，創造社會前所未有的社經發展，全民的生活品質因此大幅改善。四世國王的英明領導，使所有不丹人雨露均霑，享受高度的安定繁榮。國王為造福全國百姓所投入的心思值得感激，我由衷地祝福他五十六歲生日快樂，願他長命百歲，永保安康，吉祥如意！

Kesang Choeden Wangchuck

公主殿下

雅熙・紹南・雀登・旺楚克

Ashi Sonam Chhodron Wangchuck

四世不丹國王五十六歲壽誕祝賀

世界的一道光彩,那是具有無比智慧與閱歷的偉大君王,是不丹四世國王。我等如此幸運,衷心歡慶國王陛下五十六歲壽誕。陛下因提倡國家幸福力而名滿天下,國家幸福的推動一直是陛下主政的核心。陛下致力提高國家幸福力,讓每一名不丹人平等受惠的同時,卻不犧牲宗教與文化的傳統價值,創造了充滿生命力、獨樹一格的不丹民主。國王陛下的遠見,讓世界看見另一種形態的社會秩序,激勵了每一個人,也為每個人帶來幸福。感謝國王陛下,他超脫小我利益與個人動機,以大我無私的精神和卓越的領導才能,使不丹在短時間內達到顯著的社經發展。國王陛下相信,不丹應該隨著時代的變動與需求而調適,因此他做的第一件事,便是改變政治體系。在歡慶五十六歲華誕之際,我祈盼國王陛下政躬康泰,福壽延年,萬事如意。願吾王弘揚佛法,以大智慧為眾生成就極樂世界。

祝國王吉祥如意!

致上最高的敬意

公主殿下

雅熙 · 佩瑪 · 樂丹 · 旺楚克

Ashi Pema Lhadon Wangchuck

在檀香木與草藥生長的靜謐國度，

美妙佛音繚繞，人心滿溢靈性。

願眾生在國王陛下創造的慈愛國土中安居樂業。

願法王健康永壽。

永遠敬愛您的

P Wangchuck

11-11-11: a tribute to His Majesty the Fourth Druk Gyalpo Jigme Singye Wangchuck

公主殿下

雅熙・格桑・婉茉・旺楚克

Ashi Kesang Wangmo Wangchuck

敬賀四世不丹國王吉美・辛格・旺楚克壽誕

當我得知 MPC 不丹娛樂公司即將在國王陛下 2011 年 11 月 11 日五十六歲誕辰當日出版《11-11-11：向第四任國王陛下吉美・辛格・旺楚克致敬》一書時，心中感到莫大歡喜。這本書無疑是獻給陛下最適時的賀禮。

吉美・辛格・旺楚克國王陛下成功實施一連串的五年計畫，使國家的社會經濟迅速發展，今日的人民享受了難得一見的安定、繁榮與幸福，國王陛下捍衛主權與國土安全的貢獻無庸置疑。

眾所皆知，國王陛下在民眾反對聲浪中，毅然挑起創建議會民主的艱鉅重任。這僅是陛下任內為確保不丹長治久安的諸多成就之一。陛下愛民如子，百姓永誌不忘。

簡短賀辭，恭祝國王陛下華誕，願陛下壽福康寧，吉祥如意！

Kesang Wangchuck

公主殿下

雅熙·琦宓·
顏鐘·旺楚克

**Ashi Chimi Yangzom
Wangchuck**

在這特別的 11-11-11 大日子，很榮幸能在這本為祝賀父親五十六歲生日而出版的書裡寫一些話。

國王陛下是不丹全民的精神典範。我非常敬佩他，為了國家社會變得更和諧，他投入自己所有的生命。我從小時候，就體會到國家與人民是父親心中第一要務。對不丹人而言，他是所有人的偉大君主，一位具備智慧與遠見的國王；對我來說，他是我最愛的父親，也是我兩個兒子吉美·烏延（Jigme Ugyen）與占揚·辛延（Jamyang Singye）慈祥的外祖父。

感謝國王陛下在我生命中的諄諄教導。他的身教讓我知道誠信、謙遜與無私的重要。我盼望國王陛下繼續以他的大智慧帶領我們。

Chimi Yangzom Wangchuck

公主殿下

雅熙·韶楠·
德謙·旺楚克

**Ashi Sonam Dechan
Wangchuck**

不丹國王吉美·辛格·旺楚克陛下，在我們的生命裡、心中、腦海中，您是我們永遠的心靈導師。

做為不丹國民，同時也身為您的兒女，我有幸能誕生並親炙您的言行思想，透過您瞭解不丹國土與人民。您是偉大的導師，教導我們人生、道理、世間的意義與目的。我將永遠追隨您，效法您的堅忍、慈愛、悲憫、坦率、勇敢，以及對世事無常的洞察。您從不要求回饋或掌聲，但正是這份決心、犧牲與勇氣，成就您的偉大。

國王陛下，您將永如明燈般照亮我們，您的諄諄教誨也會永遠提醒我們秉持良知，不忘國家與人民。我們的國王、慈父，您的一生、您成就的偉業，讓我們學習良多，是值得後代子孫效法的榜樣，我向您致敬。

能與您生活在一起，沐浴在您的啓蒙與慈愛當中，是我最幸福的事。

11-11-11: a tribute to His Majesty the Fourth Druk Gyalpo Jigme Singye Wangchuck

公主殿下

雅熙・黛清・嫣周・旺楚克

Ashi Dechen Yangzom Wangchuck

我們珍愛的國王，我摯愛的父親，四世不丹國王陛下以身教讓我們體會到，生命的真諦就是具備犧牲奉獻的勇氣，彰顯人性與悲憫的精神。

您是不丹的精神泉源，一國之父，正宗法王，更是不丹的象徵。您留給不丹的一切，深深烙印在每一名不丹人的心中，也在世世代代不丹子孫的腦海中迴響。

願聖山與我們一起為國王陛下祈福，願吾王得享南山之壽。

Yanzo.

公主殿下

雅熙‧珂珍‧巧登‧旺楚克

Ashi Kezang Choden Wangchuck

給我的父親，四世國王吉美‧辛格‧旺楚克陛下，女兒在此向您致敬。國王陛下銜天命而生，成就偉業是他的天命，他的一生與一切全然奉獻給不丹和不丹人民。他是一位具有洞察力和遠見的國王，具有普薩般的智慧與悲憫心腸。在他為不丹開創民主之後，依然是每一位不丹人的慈父。在他細密的羽翼保護下，我們感到安全和深刻的愛，所有的心靈都得到撫慰。

他是我的偶像，也是模範父親和完美的祖父。我很幸運在他生命中佔了一席之地。他堅定的愛與引導總是帶給我力量和希望。我期許自己做個稱職的女兒，不辜負他平日灌輸的價值、理念與教誨。我很感謝有這麼一位支持我、愛我的慈父，更高興我的兒子嘉葉‧辛傑‧尤瑟（Jamgyel Singye Yoeser）有這麼一位外祖父，相信他也跟我一樣崇拜並敬愛國王陛下。

不丹人民生長在佛教國度，並擁有二位守護國家安全與主權的君主，四世國王吉美‧辛格‧旺楚克陛下，以及現任吉美‧格薩爾‧南嘉‧旺楚克國王陛下，實在非常幸福。

11-11-11: a tribute to His Majesty the Fourth Druk Gyalpo Jigme Singye Wangchuck

王子殿下

達修·吉也·烏延·旺楚克

Dasho Jigyel Ugyen Wangchuck

理想君王：國家的靈魂
當我見到太陽，我想起您
您的光榮事蹟
世間不乏偉大君主，確實
但無人如您

視名利光環如無物
您比最偉大還偉大千倍萬倍
您的高貴無與倫比　今生今世難再覓

您步履輕盈進入風險之境
君主冠冕變成大膽的冒險
彷彿海納百川
任何障礙，吾王，都無法抵擋您的力量

史書將記下這段詩篇
言語或有盡，感動卻無限
豐功偉業溢於言表　卻真實不過

我知您將重擔一肩扛起
還有人們的恐懼、衝突與苦痛
您依舊不求掌聲　眼光只朝向前方

您是激勵我們的心跳
我們身軀的靈魂
您的意念使我們強壯
教我們分辨善惡對錯

您奉獻身軀、精神與靈魂
決意完成每一項目標
您呼吸，是為了見到同胞歡欣收割
年少的您喚醒了我們

您奮鬥不懈，只為了責任
我眼中的您，完美無瑕
吾王，我感激每日的每分每秒
無一首詩能盡訴這份感謝

王子殿下

達修・堪桑・
信傑・旺楚克

**Dasho Khamsum
Singye Wangchuck**

做為一位偉大領袖的子女，我既感光榮又驕傲。生命中有父親的阿護，是我最大的滿足。

我見到國王陛下如何把畢生精力奉獻給國家。做為我國最偉大的領袖之一，可說當之無愧。

文字無法表達我對父親的愛意與感激之情。在這特別的日子，為父親獻上最謙卑而誠摯的祈禱，祈求不丹的守護神賜予父親健康長壽的人生。

11-11-11: a tribute to His Majesty the Fourth Druk Gyalpo Jigme Singye Wangchuck

王子殿下

達修·吉美·
多杰·旺楚克

Dasho Jigme Dorji Wangchuck

這個特別的吉慶之日，我要向勞苦功高帶領我國人民的四世國王表達深切的感激。我國今日各項成就，歸功於國王陛下英明富遠見的領導，使我們獲得幸福，也確保後代的安適。國王陛下，我的父親，我對您的愛與景仰難以言喻，您是天賜不丹最寶貴的禮物。

Jigme D. Wangchuck

公主殿下

雅熙・尤菲瑪・
雀丹・旺楚克

**Ashi Euphelma
Choden Wangchuck**

當代最有衝勁、最無私的元首當中，我的父親絕對是其中之一。他具有遠大的理想，對人民無條件地愛護。對我來說，他是孩子夢寐以求的父親，他是我的英雄、我的恩師、我的啟蒙。

在這特別的日子，我會加入全國人民的行列，為父親祝禱，在此獻上我對您最深的敬意與喜愛。

11-11-11: a tribute to His Majesty the Fourth Druk Gyalpo Jigme Singye Wangchuck

王子殿下

達修・烏延・吉美・旺楚克

**Dasho Ugyen
Jigme Wangchuck**

獻給我的英雄…

一九五五年冬季，不丹獲至瑰寶

瑰寶光芒萬丈，是人民的驕傲

這是無私奉獻的君主

為國家帶來公平正義的勇者

護衛國家主權的將士

他的遠見改變了天龍之國

溫柔仁慈的丈夫

啓發子女的父親

其實他是我的英雄

我渴望成為的典範

父親，我愛您

獻上最深的敬意和我全部的愛

第六個

文武百官眼中的英主

「國王陛下不論做什麼事都有時間，對百姓的愛，對家國的熱情，都是促使他開創不丹大時代的動力。」

不丹總理（任期 2008-2013）

吉美・廷禮

Lyonchen Jigmi Yoezer Thinley

向吾王致敬

吾王吉美・辛格・旺楚克半生成就的偉業，一般人即便窮盡一生，恐怕也難能達成。

一個承載著歷史與封建遺緒、貧窮和險惡地形這些沉重包袱的悲情國度，因著四世國王的犧牲，看見了希望與幸福，也充滿了自信。他提出的美好願景：國家幸福力，引導社會進入永續、實踐與幸福的生活方式，正逐漸得到全球認同，成為人類真實進展的普世典範。正當人類如同怒海上失去掌舵手的船，國家幸福力帶來了方向。毫無疑問，這份超越古今的大智慧將，使吾王之名永遠雋刻在人類歷史當中。

國王陛下天縱英才，同時做到理想與務實，改革與安定，發展與守成，膽識過人卻悲天憫人，既圓融又誠懇，嚴格中保有寬容，每一項皆為美德。看似彼此衝突的性格，國王陛下卻能一概和諧而完美地體現。謙謙君子，散發出王者的雍容大度，無私無我，視民如子，其心所願，付出而已。

有幸在吾王開創的黃金時代擔任公職，我受惠良多，永誌不忘。恭祝吾王聖體康泰，萬壽無疆。

第六個 11 ： 文武百官眼中的英主

不丹最高法院大法官

紹南・妥格也

Lyonpo Sonam Tobgye

　我在已故三世國王吉美‧多杰‧旺楚克任內就職，1972 年四世國王登基後，我十分榮幸能繼續為陛下服務。親見陛下從皇太子蛻變成雄才大略的仁君，對我來說是一份難得的機緣。由於職務之故，我從近距離觀察到陛下寬大為懷的一面，性格堅毅的一面，以及他無與倫比的領導才能。他細膩的眼光與追求完美的個性，總是令身邊所有人佩服。陛下不論做什麼事都有時間，對百姓的愛，對家國的熱情，都是促使他開創不丹大時代的動力。有幾件事能清楚顯示陛下總是以不丹的主權、安全與民生福祉為念。

　陛下不捨晝夜，致力推動國家在農業、教育與健康的發展。在 1970 年代後期，首先提出人力資源發展的概念，選送優秀學生出國接受教育，使得離開不丹的國民逐漸從海外勞工，轉變為受過教育的優秀年輕人。國家的發展考慮到自然的承載力與其侷限，絕不以犧牲環境換取經濟成長。

　也因此，不丹的文化、傳統與精神價值在四世國王陛下執政期間達到鼎盛。美術與工藝生氣蓬勃，獲得重生的文化與傳統精神價值成為整個社會的主流。陛下提出的發展觀－國家幸福力－將群體利益置於個人利益之上，將繼續感動並激勵後代子孫。

　在軍事上，不丹也因為成功面對外部的挑戰，獲得自信與外界的讚揚。國王陛下以最少的軍事力量，發揮最大的戰略效果，當國家安全面臨嚴峻考驗時，在不丹南部打了一場史無前例的成功戰役。陛下的任務艱鉅，甚至有性命威脅，卻不顧己身，以智慧化解阻撓勢力，只為追求國家與國民安定的未來。他的每一個決定都鼓勵了廣大的支持群眾。

　不丹的自然奇景未受破壞，發揮洗滌人心的功效。晶瑩透澈的冰河、雄偉的高山、蜿蜒的河流和潺潺的小溪，滋養了茂密的雨林與奔騰瀑布。在這健全的棲地裏，稀有鳥類悅然輕啼，野生動物自由來去，繁花盛開，所有物種都能迎接每日的晨曦。在這國度上的每一個人，都有機會仰望繁星，讚嘆日月之光明神聖，呼吸純淨空氣，這些全託四世國王之福。

　在政治上，國王強化不丹的主權，同時開始參與區域與國際事務。在成功完成行政、財政、經濟、社會、立法與司法改革後，國王陛下送給不丹王國最後的禮物：一部憲法。西元 2008 年 7 月 18 日，在憲法生效之日，民主不丹的君主立憲體制就此確立。這是個充滿勇氣、無私的愛國之舉。

　真的很難想像，在這個時代，這個日子，

　我們有幸擁有這樣的人，而且就活生生地存在我們身邊。

不丹下議院議長

吉美・楚定

Tshogpon Jigme Tshultim

來自不丹人民虔誠善心，以及
諸菩薩的發心祝願

源自拉薩・倉瑪（Lhase Tsangma）　　　為廣傳並深化幸福力
純聖世系的旺楚克世襲王朝　　　　　　立不丹幸福永盛之基
在此恭獻誠致禮敬　　　　　　　　　　法王制定新憲　全民銘感五內

上天賜予不丹境內神效藥草與豐饒林木，　專制王權為吾王所獨享
法王－吉美・辛格・旺楚克國王陛下　　然國王愛民如子，願禪讓王權，
安內攘外，功績輝煌　　　　　　　　　創建民主機制，打造國家永世昌盛基石
卅四年黃金之治，帶來不朽和平與繁榮　　吾王高瞻遠矚令人無限景仰

法王為菩薩顯現　為世間眾生和樂而來　　謹以議長身份
為不丹人民的安居樂業　　　　　　　　代表全體國會成員獻上深切祝願
發想國家幸福力（GNH）大智慧　　　　願國王陛下鴻鵠之志

　　　　　　　　　　　　　　　　　　順利實踐

不丹上議院主席

南格・彭昭

Thrizin Namgye Penjore

敬獻大公無私的法王

五十六年前的今日，我們喜獲朝氣蓬勃的王室繼承者，公正的法王應有的每項特質，他無一不具備。當國王的性情兼具悲天憫人，公正不阿的特質時，所做的判斷一定是合情合理，亦不循私。四世國王治國期間，充分展現這份仁慈與正直。全國上下從皇室宗親、大臣，全民百姓，到海外不丹人，無不對國王敬愛有加。

陛下無私的犧牲為國家成就更大福祉，使不丹在旺楚克王朝邁入百年治理之際，展開黃金盛世，而傳位皇太子繼任新王，更是史上絕無僅有。

憑藉著宗教規範，法條律令與道德準則，四世國王陛下帶領我國安然地進入廿一世紀，為不丹人民創造前所未見的和平、繁榮，以及原本可望不可及的民主體制。陛下於 1981 年設置宗喀發展委員會，1991 年設置格窩發展委員會，1998 年將行政權授予民選內閣，並於 2002 年改革選舉制度等，這只是陛下諸多創舉的一小部份，這些舉措富有教育民眾的目的，讓民眾累積寶貴的民主法治經驗，最後在 2008 年正式走向君主立憲制。

陛下對世界的貢獻是早在卅年前提出的國家幸福力，它改變人們的觀念，在經濟成長與社會幸福之間取得平衡。陛下將此理念發揚光大，將概念化為可在世上各地操作並實踐的具體目標。法王總是不吝惜地為全人類獻出智慧。

我將堅定地與全國人民共同走在旺楚克王朝開闢的光明大道上。恭祝四世國王生日快樂，歲歲年年，願旺楚克王朝萬萬歲！

反對黨領袖

徹凌・都格

**Dhogchog Gothrib
Tshering Tobgay**

王朝正值盛世，皇帝卻毅然決然退位，將治理大權交付於民，此等美事史所未聞。四世不丹國王將自己的軀體、言論與思想，全部奉獻在國民福祉，勤政愛民無人可及。

四世國王吉美・辛格・旺楚克是統一不丹之主夏尊・昂旺・南嘉的轉世化身，為不丹帶來和平、繁榮與幸福，為全國國民所景仰。謹以此文表達對陛下留給後世珍貴遺產的最高敬意。

11-11-11: a tribute to His Majesty the Fourth Druk Gyalpo Jigme Singye Wangchuck

皇家文官委員會主席

廷禮 · 占秋

Lyonpo Thinley Gyamtsho

祝國王陛下生日快樂！

能在不丹國王這般偉大的君王身旁服務多年，我感到幸運無比。國王不論在公事與私底下，對於我本人與家人都非常仁慈，這些年的溫暖點滴我都牢記在心。這些回憶將永遠伴隨我和我的子女。國王陛下的身影常存我心，也在我日日夜夜的祈福當中。

我們更希望加入全國百姓為國王陛下所做的祝禱，感念他為不丹開啟黃金盛世與空前的和平榮景，使社會上的人民洋溢著幸福，國家的安定與主權也隨之強化。

2011 年 11 月 11 日為國王五十六華誕之喜，祝福四世不丹國王福壽綿長。在此同時，也願不丹各行各業的百姓在現任國王英明統治下，永享幸福、和平與繁榮。

選舉委員會主席

肯贊・旺迪

Dasho Kunzang Wangdi

向締造民主不丹的君主致敬

我們在國王陛下吉美・辛格・旺楚克開創的不丹盛世中出生、工作與生活，可說躬逢其時，享受到絕無僅有的成長與全面的發展。

簡樸的起居與崇高的思想，是吾王一貫的風範，他向人民與國家許下偉大的願景，更具備足夠的能力在短時間達成。年少的國王陛下於國家風雨飄搖之際登基，處於情勢險峻的大環境中，還能在 1974 年 6 月 2 日的登基演說裏為王國擘劃出未來的大計，這個諾言不久之後的確實踐。2008 年 12 月 9 日陛下將王位傳給五世國王，接續帶領完成民主轉型的不丹。猶記得陛下的一句話：「每一個人都必須明白，國王是沒有家人的」。我認為這代表國王視百姓如子，感到自己有責任替每一個子民的福祉安康設想。五世國王加冕之時他也再度強調這點，表示他將做全不丹人的兒子與父兄。陛下在另外的場合甚至說出「皇室才是我的負擔」之語，其中緣由我到現在才能體會，這代表陛下由衷地希望不丹成為民主國家，這才是他心之所繫。

我的第一份皇室任命，是在 1970 年代早期從當時皇太子之手接下的，當時揚澄普（Yangchenphu）中學國際學生中心全體應屆畢業生都被召喚到皇宮去接受派任，我們頭一份任務便是草擬皇家文官委員會的章程。這真是一份難得的經驗，不但得以侍奉陛下左右，還學到如何擔任一國的公務人員。非常感激國王陛下給我機會為他服務、為國奉獻，讓我參與重大法案的草擬工作，比如審計法、肅貪法、選舉法，以及憲法等。能夠經常在陛下左右，接受陛下的指點與啓發，是我永遠珍視的特權。

如同我感謝出版社為陛下在 11-11-11 的五十六壽辰出版紀念專書，我們第一屆選委會全體成員亦表達我們由衷的感激與崇敬，願國王陛下萬壽無疆！

肅貪委員會主席

納登‧贊莫

Dasho Neten Zangmo

普天同慶賀明君

肅貪委員會全體成員恭祝四世不丹陛下萬壽無疆。

戰爭、不均、不義、背信、債務、剝削、饑饉、疾病、衝突、動亂、危機、生態環境惡化、貪腐…等，都為世界帶來痛苦。這些具有毀滅性的源頭正是不良治理，而領導能力則是不良治理的主因。

不丹公民之所以能享有和諧、穩定和物質生活水平的提高，全因為我們幸運地擁有慈愛而睿智的領袖。與眾不同的蕞爾小國得到舉世矚目，是由於四世國王陛下推行以國家幸福力為發展和政府運作體系的中心思想。

陛下為尋求國民的幸福、和樂與繁榮，無私地讓渡國王權力，創設各種具有實質功能的機制，使人民成為國家主人。國王實現了人類最深刻的價值，他的典範永垂不朽。國王陛下是肅貪委員會的精神象徵，帶給我們無限的勇氣與決心

在這普天同慶的日子裏，我們向上天祈求，希望不丹和全世界的理想境界早日來臨。委員會全體成員也必將更加努力以創造國家福祉。

審計總長

烏簡・則旺

Dasho Ugen Chewang

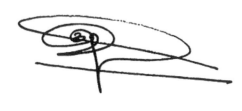

欣逢四世不丹國王陛下五十六大壽之喜，審計部全體員工恭祝我們無限敬愛的國王松柏長春，永保康寧。盼望此次奇妙的數字組合在來年繼續護持不丹，希望不丹永遠能在國王陛下淵博智慧與純淨思想的帶領下，保有和平與富足。

審計部的存在，見證了國王陛下打造乾淨透明的不丹社會的理想。審計部的發展篳路藍縷，從 1970 年代區區四名皇室審計人員，到今日規模超過二百卅人的官方機構。1970 年代原隸屬財政部，1985 年成為獨立機構，2008 年提升為受憲法直接保障之超然組織。業務從傳統的簿記，擴展到涉及公共資源使用時的財務、科技、環境、經濟、效率和效益審計分析。審計工作能有今日之規模與視野，應歸功國王陛下的高瞻遠矚。

審計部全員將秉持初衷，全力以赴打造誠信典範，推動更清廉的社會。

11-11-11: a tribute to His Majesty the Fourth Druk Gyalpo Jigme Singye Wangchuck

皇家三軍作戰部長

巴圖・徹令少將

Major General Batoo Tshering

光榮效命偉大統帥

能在四世不丹國王五十六大壽之日獻上我真誠的祝賀,是無上的光榮。國王陛下統治不丹達卅四年,我從頭到尾都經歷過,想當年我開始效命於國王麾下是在 1972 年,還只是一名陸軍中尉。

在卅四年間,英明睿智的國王帶領不丹,強化了國家的安全與主權,整個社會的運作伴隨著前所未有的發展。國王身為三軍統帥,不眠不休地改善軍隊素質,使三軍轉型為有組織、有紀律的專業戰鬥力量。

1990 年發生叛亂問題時,國王明智堅定的指揮,使三軍維持高度紀律與忠誠,即使為警戒恐怖行動,也不傷及任何無辜。2003 年的軍事行動也因吾王縝密的規畫,親自下達指令而獲得大勝。當年驅逐印度反政府人士的行動若無國王陛下御駕親征,勢必難以將之摧毀。參與此次剿滅行動的軍隊,從國王卓絕非凡的氣勢與領袖風範中得到激勵,力量與信心大增。陛下籌劃軍事行動一絲不苟,對將領下戰略指導精要準確。在國家遭逢史上最嚴重的主權與安全危機時,將士們無不仰望並追隨國王暨三軍統帥。

我認為不丹全體軍民應向四世國王陛下表達最深摯的感謝,感謝他爭取不丹的國際地位,以及他帶給我們的和平、安定與快樂。四世國王不僅是了不起的政治家,同時也具備卓越的軍事才能。

在 2011-11-11 國王五十六歲誕辰,我獻上祝福,願陛下長命百歲,福壽雙全。我當奉獻一己之力,永遠效忠國王、政府與人民。

祝國王吉祥如意!

警察總長

陸軍准將奇邱‧那葛耶

Brigadier Kipchu Namgyel

不丹皇家警衛隊成立於 1965 年，歸屬於英明、開放、仁慈，富有犧牲精神的歷代皇室統治者，至今已成現代化專業警力。自八〇年代起，不丹皇家警衛隊在四世不丹國王的統治盛世期間，有了長足的進展。陛下對皇家警衛隊的忠貞之心未有絲毫懷疑，也激勵警衛隊自我提昇，更有效率地效力國家。

西元 2008 年，全國追求經濟自主、推廣文化、環境保育、永續及平衡發展、良善治理與去中央化的努力達到頂點。在國王朝氣蓬勃的引導之下，我們一一達成目標。2008 年還有另一項劃時代的里程碑，那就是五世不丹國王吉美‧格薩爾‧南嘉‧旺楚克的登基，使王國的發展、人民百姓的福祉與不丹神聖的文化傳統得以向前邁進一大步。加冕典禮代表四世國王與不丹人民對現任國王全然的信賴與順服。

皇家警衛隊歡慶我國民主轉型，創造歷史新頁之際，也不忘國家人民的高度期待，積極推動青年發展與建國大業，藉此機會再度向國人重申我們不負所託的決心。

四世不丹國王的五十六大壽之喜，正值罕見的 11-11-11，不丹皇家警衛隊謹向識見卓絕的四世國王陛下致敬，祈求國王長命百歲，我等效忠吾王、政府與人民之誓永不改變。

11-11-11: a tribute to His Majesty the Fourth Druk Gyalpo Jigme Singye Wangchuck

第七個

朝臣元老心目中永恆的領袖

「四世國王陛下，對內是瑰寶，對外是碉堡，象徵著不丹的眼與心。」

前總理

桑給‧恩吉達
LYONPO SANGAY NGEDUP

短短一頁難以書盡我對不丹最英明君主的感念，滔滔不絕列舉這位不凡的凡人所具備的美德、成就與偉大之處，也可能淪為阿諛之辭。然而，任何的節制用語，在我看來皆不足以突顯本世紀不世出的領袖。幾經思考，我認為最適切的讚美，莫過於不發一言，只需用心、深深去感受、感恩、崇敬與景仰即以足夠。吉美‧辛格‧旺楚克國王陛下是王中之王，具有神性之人，足堪全不丹人以及後世仰望效法的典範。

有幸服侍於吾王麾下，目睹吾王開啟不丹黃金時代，令我感到無限榮耀，對不丹第一英雄效忠之心矢志不移。

sangay ngedup

11-11-11: a tribute to His Majesty the Fourth Druk Gyalpo Jigme Singye Wangchuck

前議長（任期 1998–2007）

烏簡・多吉
DASHO UGEN DORJI

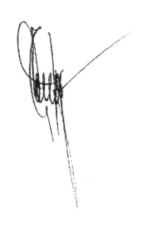

我在擔任不丹下議院議長時期，即被國王陛下的仁心和他獨特的領袖魅力深深懾服。

陛下勤於政事，時時以人民為念，不但關切民眾需求，也矢志提昇民眾的生活水準。陛下的偉業中，最具代表性的即是引進民主制度，這是給全國人民最珍貴的禮物。

國家幸福力的哲學受到所有不丹人所珍視，這是國王陛下的智慧結晶，國家發展的方針。在目前充滿挑戰，急需典範轉移的現代社會中，這個觀點已在國際上得到廣大迴響。

能為仁慈英明的君主服務是我莫大的榮幸。在此獻上真摯的祝禱，願吾王永享健康、幸福高壽。

四世不丹國土萬歲！

第七個 11：朝臣元老心目中永恆的領袖

前衛生部長

吉美・辛格耶
LYONPO (DR.) JIGMI SINGAY

1955年11月11日，皇子的誕生預告了不丹王國的歷史新頁。自吉美・辛格・旺楚克陛下登基，執掌政權以來，他把全副精神投入在國家與子民的福祉上。胸懷大志的陛下帶給不丹一份民主大禮，賦權於人民，使人民為國家的未來負責。這份領袖風範與大智慧，為不丹帶來今日的和平與繁榮。

國王陛下不受世俗聲名羈絆的純淨性格，使他在聲望達到頂峰時毅然決然的退位，這是空前未有之舉。不丹公民能得到陛下賜福，何其有幸！

在陛下五十六大壽之日，我做為一介百姓，與全家人祈求四世不丹國王陛下福壽安寧。

11-11-11: a tribute to His Majesty the Fourth Druk Gyalpo Jigme Singye Wangchuck

前文化部長

桑給·旺楚克

DASHO SANGAY WANGCHUG

天佑吾王！

知識、仁慈與勇氣的化身，
國境守護者
昂旺南嘉三大奧秘肉身化現，
願吉美·辛格·旺楚克國王陛下
長命百歲！

國王陛下廣受天下英勇仁士稱頌，
國王之降生，
早已見諸於大寶伏藏之預言，
以及其它記載，

恭祝不丹國王萬歲萬萬歲！

陛下對外名相是治理國家的君王，
在內心裡，他是菩薩化身，
私下更是集知識、
仁慈與勇氣於一身的偉大領袖
俗世中，他是法王昂旺南嘉的傳承。

仰望國王陛下，如同佛祖般完美無瑕
丰采英俊，耀眼奪目
相貌堂堂，無所匹敵
願舉世無雙的陛下永保康泰！

陛下含英吐華，句句珠璣並切中要旨，
陛下發聲有若梵天之音般悅耳，
具有安定心神之力，
陛下諄諄善誘，
導引人們走向幸福安康之道，
陛下教誨將為造福百姓之傳世良言。

陛下從不以權謀私，
慈悲愛民，心繫黎民之福，
以平等心對待眾人，毫不偏坦，
願陛下永為偉大仁君之表率。

陛下學識廣博，內外兼備，
文韜武略無不精通，
願陛下身體強健，永久帶領國家。

陛下氣度恢宏，
發想國家幸福力與君主立憲，
將草藥國度建立成幸福繁榮之境
願吉美·辛格·旺楚克國王陛下，
全體不丹人之守護者，
生生世世與民同在
願陛下之宏願得以實現，
陛下之努力成果豐碩！

四世國王專屬秘書

培瑪 · 汪謙
DASHO PEMA WANGCHEN

向四世不丹國王致敬

許多人嚮往做大事，或有機會接近傳奇人物，但這種願望往往難以實現。我非常幸運能為吉美 · 辛格 · 旺楚克國王陛下效力，達成很多人求之不可得的夢想。

第一次親見陛下是在 1970 年，當時我剛被選入座落在巴洛的烏顏 · 旺楚克學院，自忖出身卑微，對於該如何適應環境深感惶恐。然而，為國王效命的機會來臨，自此我的人生徹底改變。

我的健康不佳，連爬上宗堡的階梯有時也感覺吃力。可是跟隨於陛下身後，在幾步路外感受他的存在所散發出的鼓舞，總讓我恢復體力和意志力。人們總說，卓越的領袖能使人們對他的治理感到放心，但我認為偉大的領袖激發人們的自信，便會對自己放心。由於陛下的感召，才有今日的我，在此以最崇敬的心感謝陛下。

在五十六華誕壽辰，我獻上祝禱，祈願陛下，我的根本上師，永享健康安寧。

11-11-11: a tribute to His Majesty the Fourth Druk Gyalpo Jigme Singye Wangchuck

四世不丹國王副官

陸軍少將那姆加爾
MAJOR GENERAL V. NAMGYAL

銜天命降生之王

我自 1973 年 2 月起便直接效命於四世國王吉美・辛格・旺楚克陛下，這是一生難得的榮譽，在此之前的二個月，我才剛得到陸軍少尉任命。我有幸親見陛下以 34 年的生命，全心全意、無私無我，只為建立國家光明前景。英明睿智的陛下帶領不丹走上均衡的社經發展之路，除積極建設國內，更擅長經營國際關係。陛下高瞻遠矚，為了增進人民與國家利益，啓動大幅的政治革新工程。

隨侍君主十數年來，我拜服陛下無時不以國事為先的過人毅力。他從不放假休息，即使出國也一定是執行公務，在外期間盡可能多做拜訪，交換意見，增進外界對不丹的認識，一旦行程結束便隨即束裝返國。陛下在國內時，也固定進辦公室，接見隨時需要與他商談的部長官員。即使在百忙之中，他依舊保持頭腦清明，也能撥出時間到全國各地訪查，完美地執行他所有的角色任務。做為政府首長，陛下對於國家發展的規畫與執行，心中有清晰的藍圖，也嚴格要求；做為軍事統帥，他的卓越領導總是能提昇士氣，在國家安全面臨嚴峻挑戰時更身犯險境，迅速因應。為確保國家的進步、福祉與安定，陛下的投入與犧牲比任何人更多。陛下嚴以律己，絕不要求旁人完成他做不到之事，所有政府官員在他鼓勵之下，無不順服仰望，窮盡力量追隨之。

陛下的智慧與成就筆墨難以盡書，但只要翻開一部不丹憲法，便能瞭解陛下為國家長治久安奠基的心血結晶。這份開創性的歷史文件正是我國邁向成功與和平的藍圖。我深信，不丹公民只要遵循這部憲法，將是陛下最感欣慰之事。

不丹今日得享和平、繁榮與安定，應歸功四世國王無私的付出，為國奉獻的使命感。即便陛下已退位，他的典範與精神將永存人心。罕見的 11-11-11 恰逢陛下五十六大壽之喜，即是對陛下護國有成，創造光榮時代的肯定，實為舉國之福。我非常幸運能在此刻向最受人民愛戴的守護法王獻上祝辭，願陛下永遠與我們同在！

前古蹟修復工程首長

汪楚

DASHO (ZOEPON) WANGCHUK

四世國王的降生，正如蓮花生大士授意伏藏師竹克達多吉的預言所示，繼承尊貴無比的伏藏師白瑪林巴之衣缽。哲析·滇金·拉賈（Gyalse Tenzin Rabgye）轉世的八世西圖·米龐·吉美·滇金·旺波（Thritul Mipham Jigme Tenzin Wangpo）亦認可國王陛下為夏仲·阿旺·南傑（Zhabdrung Ngawang Namgyel）—觀音菩薩—的肉身展現。觀音菩薩慈悲無雙，亦是藥草王國不丹神授之主。國王陛下實為菩薩，全不丹人心嚮往之，便應允人民請求，化身人形統治不丹。人民得此仁君實為我幸。

四世國王陛下適時適地在國內推動社經發展政策，強化我國安全與主權，開創前所未有的盛世。不丹人民在其仁慧領導之下，得享幸福和平。獻盡天下珍寶也不足以回報陛下為社稷謀福祉之豐功偉業。做為陛下忠心的臣民，吾等在陛下壽辰大喜之日誠心祈福，祝禱陛下萬壽無疆。

在三寶庇佑，眾神護持，菩薩法王發願與四世國王勤懇努力之下，今日吾國不啻人間淨土，人民得享無上之和平、幸福與繁盛之世。

臣時時向上天祈求不丹永享和諧安寧，遠離病、饑、戰爭之苦，也祝願四世國王享有一百有八高壽，永遠守護不丹全境人民。臣亦發自內心求皇室家庭成員，包括皇太后、公主與王子長命百歲！

11-11-11: a tribute to His Majesty the Fourth Druk Gyalpo Jigme Singye Wangchuck

四世不丹國王副官

陸軍准將簡邱·多吉
BRIGADIER CHENCHO DORJI

能在四世不丹國王五十六壽誕致上我卑微的賀詞，深感榮幸。這個特殊的喜慶之日適逢西曆 2011 年 11 月 11 日，在不丹史上，在不丹百姓心中都是上上吉兆。在此向國王陛下恭獻祝禱，祈求陛下福壽雙至。

1985 年 10 月 18 日的景象，到現在還鮮明地印在我的腦海中。當年我是一名年輕的上尉，第一次進入皇宮候召惶恐不已，不知會被問到什麼問題，以及是否適任。然而在觀見偉大的國王陛下之後，我的心立即安定下來，取而代之的是一份早已服侍陛下多年的熟悉感。這是陛下不同於常人之處。我經常見到陛下為了不丹的主權與安定，為了不丹人民的福祉，不眠不休，忘我地處理國事。能夠護衛偉大的君主，是我最感光榮之事。在國王陛下身旁，我學到終身受用的處世原則，今後必將持續秉持忠誠、奉獻與犧牲精神，保衛不丹！

11-11-11 出版團隊把握難得的歷史良機製作此書，在此一併表達感謝。

第七個 11：朝臣元老心目中永恆的領袖

不丹第一高壽之退休朝臣
（2011 年高齡 94）

波陀・喀普 DASHO BOTO KARP

在蓮花生大士預言中，
不丹王國應運而生
就在這片神聖的藥草之境，龍之聖土
由謹遵教法之四世嫡傳國王統領
我們何其有幸

如三世國王遺願
由四世國王圓滿完成
也盼四世法王的理想
在仁厚五世國王治下實現

微臣資質平庸
無才無德
卻不見棄於二、三、四世國王陛下
得以服侍在側

欣迎至仁至慈四世國王
五十六壽慶
微臣發自純厚內心
向吾王敬獻謙卑祝禱

11-11-11: a tribute to His Majesty the Fourth Druk Gyalpo Jigme Singye Wangchuck

第八個

印度駐不丹大使

帕凡・K・瓦爾瑪

H.E. Mr. Pavan K. Varma

國際組織的友好祝福

「今日，全球領袖皆知不丹是人類與自然和諧共處的典範。不丹享譽國際應歸功於吉美・辛格・旺楚克陛下的卓越領導。」

不丹與印度關係歷久彌堅，始終堅持信賴、互惠與和平共處原則。兩國在歷史、地理、文化、信仰與社會經濟等各個面向都有深厚的淵源，彼此密不可分。

在四世不丹國王陛下統治的黃金盛世期間，兩國關係得到強化並大幅提升，印度政府與人民在不丹發展的過程中也得以扮演更具意義的角色。印度將持續擔任不丹社會發展最主要的合作夥伴。印度駐廷布大使館在此代表印度人民與政府，欣逢國王陛下五十六榮壽大慶，謹祝陛下長壽安康。

印度大使館

孟加拉駐不丹大使

伊堤亞茲·何每

H.E. Mr. Imtiaz Ahmed

欣迎不丹四世國王陛下五十六歲華誕壽慶，

本館上下特向陛下祝壽。四世國王陛下領導有方，

使不丹與孟加拉各方面往來關係獲至重大進展。

期盼不丹與孟加拉邦誼今後日益緊密。

孟加拉駐不丹大使館

科威特駐不丹使館參事

尤瑟夫·艾那斯喀提

H.E. Mr. Yousef N J A Alnaskati

敝館與不丹人民齊聲共祝

四世國王吉美·辛格·旺楚克陛下生日快樂。

在此謹向國王陛下致獻誠摯祝福，

願陛下政躬康泰，並祝不丹國泰民安。

科威特駐不丹大使館

瑞士發展與合作協會駐國代表

華特・羅德博士

Dr. Walter Roder

瑞士發展與合作協會與不丹共同慶賀四世國王陛下五十六歲壽誕大喜。
恭祝國王陛下福壽康泰。

瑞士發展與合作協會

日本國際協力機構駐國代表

湯姆桂一

H.E. Tom Nitta

日本國際協力機構駐不丹辦事處全體同仁，謹代表日本政府與國民，在此佳日與不丹全民同慶四世不丹國王吉美・辛格・旺楚克陛下五十六歲大壽之喜。

日本國際協力機構

11-11-11: a tribute to His Majesty the Fourth Druk Gyalpo Jigme Singye Wangchuck

丹麥代表處處長

亨利・A・尼爾森

Mr. Henrik A. Nielsen

　　謹代表丹麥政府與全體人民，在值得歡慶的國王陛下五十六大壽之日表達誠摯祝賀。不丹卅多年來在國王陛下高瞻遠矚的領導下，已達到和平、穩定、進步與繁榮等多項值得驕傲的目標。藉此難得機會再度向國王陛下賀喜，願陛下健康如意，永享長壽，祝不丹國運昌隆。

丹麥代表處

奧地利發展合作組織駐國辦事處

克里斯・瑪札爾暨全體同仁

MR. CHRISTIAN MAZAL AND STAFF

　　奧地利發展合作組織謹向四世國王吉美・辛格・旺楚克陛下五十六大壽敬表祝賀，願國王陛下幸福安康，並祝不丹國泰民安。

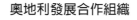

奧地利發展合作組織

不丹加拿大基金會執行主任

南茜・史崔蘭博士
Dr. Nancy Strickland

　　敝會為長期深耕不丹之常駐國際組織之一，有機會參與不丹發展大業，尤其是教育、啓迪以及社會賦權等事務，甚感榮幸。在此美好時刻，加拿大基金會與不丹全國上下，向即將度過五十六歲大壽的四世國王祝壽。

不丹加拿大基金會

榮譽領事

托格・多吉
Dasho Tobgay Dorji

　　南韓領事館全體人員恭賀四世國王吉美・辛格・旺楚克陛下五十六歲華誕大喜，敬祝陛下福壽無疆。韓不兩國關係與日俱進，陛下倡議國家幸福力之卓見，足為敝國效法之楷模。

南韓領事館

11-11-11: a tribute to His Majesty the Fourth Druk Gyalpo Jigme Singye Wangchuck

榮譽領事

烏簡・徹恰・多吉
Dasho Ugen Tsechup Dorji

　　吉美・辛格・旺楚克國王陛下推動不丹成功轉型，令世人欽羨，也足令所有不丹人愛戴並引以為傲。不丹王國與泰國秉持一脈的價值觀，早已建立深厚情誼，互動熱絡，友好關係必將持續進展。欣聞 2011 年 11 月 11 日大吉之日為旺楚克國王陛下華誕日，泰國人民與不丹人民同喜同賀。敬祝吉美・辛格・旺楚克國王陛下壽與天齊。

泰國皇家領事館

瑞典領事館榮譽領事

翁蒲贊 Aum Phub Zam

　　不丹四世國王提出國家幸福力的發展觀，為世界多國帶來深刻啟發，敝國能與不丹發展邦誼，甚感欣慰。今日，全球領袖皆知不丹是人類與自然和諧共處的典範。不丹享譽國際應歸功吉美・辛格・旺楚克陛下的卓越領導。敝國期盼與不丹人民同慶國王陛下五十六歲生日。

瑞典領事館

董事長

古部・索南・竹巴

Goob Sonam Drukpa

第九個

企業界眼中的福德之君

「國王陛下用智慧力、領導力與願景力，創造社會繁榮與安定，願不丹永享和平幸福！」

　　四世不丹國王吉美・辛格・旺楚克的誕生，庇佑不丹與全體國民。這天，國家的未來在充滿勇氣、智慧與慈愛的王室繼承人誕生之時，終於得到保障。陛下在位期間，為國家與人民造就前所未見的進步。不僅是今日的不丹人，後世子民也得到偉大君王的庇蔭，享受過去先祖視為遙不可及的榮景。

　　令我感到特別光榮的，是曾經擔任陛下數年的助理。每當回顧過去在高貴的陛下身邊服侍的那段日子，都令我感動，也無限懷念。擔任陛下私人助理的各種經驗，若非從事此職，絕不可能碰到，我的人生沒有這段機緣，將截然不同。陛下對我的恩澤是我人生中莫大的福氣，這份感謝難以言喻。

　　我的家人、我個人，還有全國百姓，對於陛下用智慧、領導與遠見創造社會繁榮與安定，無不充滿感謝。我們為陛下祈福，願陛下永享健康長壽。

　　祝陛下吉祥如意！

東不丹煤礦股份有限公司
S.D. Eastern Bhutan Coal Company ltd.

東不丹矽鐵股份有限公司
S.D. Eastern Bhutan Ferro Silicon Pvt. Ltd.

東不丹薩姆德魯瓊卡爾
Samdrupjongkhar, Eastern Bhutan

11-11-11: a tribute to His Majesty the Fourth Druk Gyalpo Jigme Singye Wangchuck

常務董事

寧謙 · 尤澤

Rinchen Yoezer

陸軍福利會董事會暨全體主管與不丹全民同心，

歡慶四世國王吉美 · 辛格 · 旺楚克陛下五十六華誕吉日。

恭賀國王陛下高壽康寧，並願上天長佑天龍之國，永享和平幸福。

陸軍福利會

國家安全繫於無後顧之憂的軍伍

www.awp.com.bt

常務董事

撒伽 · 仁澈 · 多吉

Shacha Rinchen Dorji

"四世國王吉美 · 辛格 · 旺楚克陛下為所有不丹人之父。"

欣逢國王陛下五十六歲誕辰大喜，寧森建設暨不丹乳品與農業有限公司全體員工恭祝陛下福壽雙全。

願親愛的四世國王萬萬歲。

寧森建設 Rinson Construction Co.

不丹乳品與農業有限公司

Bhutan Milk & Agro Pvt. Ltd.

常務董事

多吉・納格

Dorji Namgay

向偉大的君主致敬 — 您是不朽傳奇

偉哉吾王，您為國家與人民做的一切令人感念：

鋪道路、興學校、辦醫院、設電廠、牽電線、蓋寺院、開創環境觀、發想國家幸福力、維護不丹印度邦誼、為驅逐外來武裝份子御駕親征、主動與人民分享權力、不棧戀權位，盛年禪位…等多項卓越政績。

偉哉吾王，您沒做的事，令我們加倍感念：

不專斷、不集權、不追求享樂、不怠忽國事、不為經濟犧牲環境、不盲從現代化而拋棄傳統，您從不濫權。

偉哉吾王，您的偉大難以度量。

您的豐功偉業令人民崇敬，您的無為更令人感佩。凡人可成就大事，但面對誘惑墮落能堅守原則的，唯有聖人。

不丹國營貿易公司全體員工與主管很榮幸在國王陛下五十六壽辰獻上祝福。願陛下長命百歲，盼人民永沐吾王慈愛恩典之中。

不丹國營貿易公司
www.stcb.bt

11-11-11: a tribute to His Majesty the Fourth Druk Gyalpo Jigme Singye Wangchuck

常務董事

那格・多吉

Namgay Dorji

四世國王吉美・辛格・旺楚克為世間罕見的君王。我國有幸得到國王陛下卓越的領導，卅餘年來依循陛下為國家擘劃的偉大藍圖，走出獨特的發展之路。

陛下在十六歲年少繼承大統，為了人民福祉，毅然而然肩負起所有責任。人民今日得享和平與安定，歸功陛下的智慧、慈愛與堅毅之心，迅速而有效地解決各種難題。

陛下送給不丹一份民主大禮，安排五世國王 2008 年繼位，更是史無前例，卻最具遠見的成功創舉。把國家治理大任交棒給新一代領袖，確保國家與人民的長治久安，這是國王陛下愛民如子的象徵。

飯店全體同仁有幸於四世國王在位時曾為陛下與國家提供服務，深感光榮。在不丹邁向歷史新頁之際，必將秉承一心，繼續服侍新王、皇后與皇室政府。

今日 11/11/11 為四世國王壽誕。在寺廟祈福時，11 一向被認為是大吉之數，連續 3 個 11 正是不丹不世出的領袖使國家順利轉型的吉兆。

能參與廣受愛戴的四世國王五十六大壽盛典，全體同仁均不勝欣喜，在此向守護神明祈求，願神明賜予天龍之國的王者健康長壽，也賜予國家和平、進步與繁榮。

嵐葛民俗飯店
NAMGAY HERITAGE HOTEL

www.nhh.bt

執行長

喀邱·徹凌

Kipchu Tshering

恭祝四世國王生日快樂。

您為國家做的犧牲，您使不丹與眾不同，您為全民開創的安定未來，我們永誌不忘。

不丹國立銀行
Bhutan National Bank Ltd.
www.bnb.bt

董事長

伍簡·曹雀·多吉

Dasho Ugen Tsechup Dorji

四世國王五十六歲壽誕可喜可賀，辛格集團偕金德拉集團與全民一心，以謙卑之心為國王陛下祈福，願陛下永享長壽、康健與安寧。

願上蒼庇佑國王陛下，四世不丹國王萬歲。

辛格集團
Singye Group of Companies

金德拉集團
ZIMDRA Group of Companies

11-11-11: a tribute to His Majesty the Fourth Druk Gyalpo Jigme Singye Wangchuck

執行長

慈騰・捷爾成

Tseten Geltsen

不丹郵政有限公司以謙卑之心向四世國王吉美・辛格・旺楚克致敬，感念國王陛下以遠見與奉獻造就不丹福祉，制定憲法。欣逢陛下五十六壽辰大吉暨卅四年黃金盛世誌慶，恭祝陛下健康長壽。

不丹郵政有限公司
Bhutan Postal Corporation LTD
www.bhutanpost.com.bt

常務董事

徹林・托格

Tshering Tobgay

吉爾沙特瓦土地開發公司全體員工與全國一心，歡慶四世國王吉美・辛格・旺楚克陛下五十六壽辰大喜。願陛下永享幸福，天賜遐齡。

四世國王萬歲。

吉爾沙特瓦土地開發公司
Gyelsa-Tewa Real Estate Developer

西里廣場 SHEAREE Square
www.realtorbhutan.com

常務董事

卡爾瑪 · 捷爾申 **Karma Gyeltshen**

　　不丹山林假期全體員工，謹於四世國王吉美 · 辛格 · 旺楚克陛下五十六壽辰吉日，恭喜陛下，賀喜陛下。不丹百姓在陛下卅四載黃金盛世中日漸成長茁壯，願陛下大智大慧持續引領不丹，再造繁榮和平國度。

不丹山林假期
www.bhutanmountainholiday.com

11-11-11: a tribute to His Majesty the Fourth Druk Gyalpo Jigme Singye Wangchuck

不丹觀光局
Tourism Council of Bhutan

欣逢四世國王吉美·辛格·旺楚克陛下五十六歲大壽，
觀光業深感陛下無私奉獻國家，
願陛下幸福如意，永享長壽。

不丹，幸福之境。
www.tourism.gov.bt

Happiness is a place

第十個

青年學子眼中的慈父國王

「國王陛下每次經過人群，總會散發出一股安定詳和的力量。

他的治理帶著無限慈愛。出於愛的統治，

遠比奠基在恐懼的統治力量來得更強大，也更顯得偉大！」

11-11-11: a tribute to His Majesty the Fourth Druk Gyalpo Jigme Singye Wangchuck

1

大家都說國王忙著為我們祈求幸福

我們的四世國王 11 月 11 日過生日，這是祝國王生日快樂的時刻。我要跟全國人一起慶祝這個特別的日子。

我只是個小女孩，但我有一顆充滿祝福與感謝的心獻給不丹國王吉美‧辛格‧旺楚克陛下，謝謝他為我們做的每一件事。能記得他的生日，是我最快樂的事。

國王長得非常英俊，可是我現在很少看到他。大家都說他忙著為我們祈求幸福。國王很仁慈，所有的學生和老師都敬愛他。如果我的國王看到這則賀辭，我希望他知道我們所有人都愛他，希望他有個非常快樂的生日。

最後我要再說一次：國王陛下，祝您生日快樂。

雅茜‧揚碧（Tashi Yangbi，11 歲）
亞第（Yadi）中學五年級（蒙加爾宗 Mongar）

2

您是最慈愛的國王

我最敬愛的四世國王吉美‧辛格‧旺楚克陛下生於 1955 年 11 月 11 日。我們每年都會慶祝您的生日。在您生日這天，我們總是用唱歌跳舞的方式，希望您長命百歲，快樂無比。您是全世界最英俊的國王。國王替我們蓋了好多學校和醫院，我非常敬愛您。

我們能有上學受教育的機會，是四世國王吉美‧辛格‧旺楚克陛下給的。您讓國家變得富足、幸福、和平。希望您的人生永遠幸福平安。您聰明的頭腦和仁慈的心腸，使不丹建立起國家幸福力的支柱。

四世國王萬歲。

芭莉卡‧葛麗（Balika Ghalley：11 歲）
旺楚（Wangchu）中學四年級（楚卡宗 Chukha）

3

您是我們的神

您是日常生活中的大家長，您為不丹帶來和平安寧。我們都認識您，您為國家造橋鋪路，也和印度友好。您為我們興建學校，替我們立下規矩，讓我們過著舒適的生活。

在我們的國家，您就如同神一般。

感謝國王陛下，您讓許多好事成真，使我們幸福。您是人民心中的珍寶，也永遠在我們心中。願四世國王吉美·辛格·旺楚克陛下長命百歲。

雷基·徹林（Leki Tshering）
薩田（Sakteng）中學五年級

4

望著您的玉照，我們為您祝壽

最親愛的四世國王吉美·辛格·旺楚克陛下！不丹公民總在特別的 11 月 11 日這天向您說聲「生日快樂！」廿個宗喀的學生為您的大壽歌頌、舞蹈、歡慶。

全國上下滿心期待這一天。我們都會到寺院裡為您點上酥油燈。雖然沒法到您跟前，我們都望著您的玉照為您祝壽。

今年也一樣，希望這天充滿喜樂，也祈禱我們最敬愛的不丹國王長壽、幸福、成功。

普麗揚卡·古倫（Priyanka Gurung）
布修鈴（Phuntsholing）中學五年級（楚卡宗）

11-11-11: a tribute to His Majesty the Fourth Druk Gyalpo Jigme Singye Wangchuck

5

天龍國王

不丹天龍國王，我們最敬愛的吉美‧辛格‧旺楚克陛下生於 1955 年 11 月 11 日，用心負責地帶領不丹進入廿一世紀。陛下深得民心，大家將會永遠記住這位最偉大的國王。天龍國王使不丹成為堅強，值得驕傲的國家。他的遠見帶領不丹邁向現代盛世，把民主這份珍貴禮物送給他的國民，同時也保存了我們獨特的文化傳統。

在這個特別的日子裡，我想要向您道謝，感謝您做我們的國王，總是帶給我們希望。我們永遠感念您對人民的仁慈、關心、照顧、力量，還有願景。您總是顧念人民福祉，照顧我們每一項需求，照顧我們的國家，您是偉大的王。您總向有需要的人伸出援手，展現您的寬厚。您自十六歲起到今日，為不丹全心全意奉獻，為人民祝福。您展現力量與勇氣，保護我們不受傷害。您維持印度—不丹的良好關係，也和全球建立聯繫，替我們爭取聯合國席次。這些都讓不丹從孤立中走向現代化社會。國家幸福力是您為了不丹和全世界永續發展提出的價值觀。國王陛下，感謝您當我們的守護神。

我雖然遠離家鄉，但無時無刻都以身為不丹人而自豪，我會盡最大的力量向國王盡忠。

鄧錦‧仰登‧多吉（Tenzin Yangden Dorji，22 歲）
寫於澳洲墨爾本

第十個 11：青年學子眼中的慈父國王

6

您是晨曦

佩吉・汪莫（Peggy Wangmo）
寫於美國麻州

離開家鄉和親愛的人已經很辛苦，其實更苦的是離開自己的國家，去一個全然陌生的地方。我不到一個月前才來美國上大學，要克制思鄉病很難，最想念的是屬於不丹的那份親切感。

我在凱爾基（Kelki）高中的英文老師曾經告訴過我，「只有出了國，才知道愛國。」現在我大概能體會他話中的深意了。今天 11 月 11 日是我們敬愛的四世國王吉美・辛格・旺楚克陛下的生日。感恩陛下把國家治理得如天堂一般，也讓住在裡面的人幸福快樂。

吉美・辛格・旺楚克陛下是人民的君主，永遠在不丹人民心中佔有一席之地，像晨曦般為我們指出公正公義的方向。陛下最傑出的貢獻應該是提出國家幸福力的觀念，簡單明瞭卻具有深刻的意涵。

國王陛下為國家人民做出莫大犧牲。他奉獻青春，用自己的一生打造更好的國家。年紀輕輕就接掌王位，大力推動改革，這些都是陛下值得稱道的事蹟。

我非常幸運能生在這個國家，我願謙卑地為國服務，讓社會更加圓滿祥和。不論我在何處，我都會抬頭挺胸，告訴世人有關國王、不丹與人民美好的一切。所有的不丹人在今天心連心，手牽手歡慶四世不丹國王五十六歲大壽，我也獻上最真摯的祈禱與祝福，願陛下幸福長壽。

11-11-11: a tribute to His Majesty the Fourth Druk Gyalpo Jigme Singye Wangchuck

7
他最珍貴

他用自己的青春年華，換取你我家園的發展。父親的驟逝讓一切都變了。當同齡孩子正在揮霍年少時，他必須挑起領導國家的重擔，這個擔子讓他不得不比別人更早熟。當你我熱切地盼望父親出差回家的那一刻，他卻無人可等待，雖然他已在努力工作完成父親的心願。

1972 年到 1974 年之間的吉美‧辛格‧旺楚克，還有之後許許多多年的他，究竟是怎麼樣的心情？我的父親總愛教訓我，要我把心思放在學業而不是男生身上。不知道年輕的吉美‧辛格‧旺楚克會跟誰討論他心儀的女孩，要跟誰說他在籃球場上得了幾分？十六歲的他，直接從好奇體驗生命的階段，進入個人放一邊，「我們」放中間的漫長階段。

有任何人把他當成一個普通人來對待，心疼他必須承擔不丹王位的重擔嗎？有人同情一個失恃的少年嗎？他自己覺得這公平嗎？用二年的時間讓他準備接手父親的工作，足夠嗎？這些事我不會知道，但我確實知道的，是天龍國王令人敬佩的旅程和成就，都是他渴望成長的表現。他的堅守原則、不被動搖的毅力，還有強烈的動機，對人們來說不僅僅是啓

發，而是我們的人生旅途中應時刻牢記並實踐的價值。

我們對國王陛下的愛總是使外國人訝異，他們大概無法理解，這層君民關係絕非唾手可得。吉美‧辛格‧旺楚克陛下是一步一腳印，靠著辛勤耕耘與仁厚的領導才贏得人們的敬愛。不丹人不分男女老幼都真心為他祈福，這不是每個人都做得到的，更顯示他的難能可貴。

「國王」一詞還不足以代表他的珍貴。他的高尚與智慧是永恆的。他的無私感動了許多人，包括我自己。我想藉此機會向這位內外兼具的偉人說生日快樂。希望他擁有關愛、福氣、健康與幸福。四世國王，吉美‧辛格‧旺楚克陛下，感謝您自年少時期便挺身負起保家衛國之事；感謝您從未放棄我們；在您統治的時代，希望人民的表現沒有讓您失望。

希望您當初為人民的犧牲沒有白費。您是不丹人引以為傲的珍寶。希望每個人都牢記您為不丹建立的美好名聲。四世不丹國王萬歲！

泰茜‧賴登（Tashi Lhaden）
寫於加拿大安蒂崗尼許（Antigonish）

8

送你一份民主大禮

計程車載著我和其它三名乘客回家時，車內的音響開得很大聲。那是周五，我和其它乘客都期待著周末的來臨。大家的心情輕鬆。我們聊著，互相談笑著（當然也包括分享最新型的手機）。後來大家的玩笑愈開愈大，笑得眼淚都噴出來了。突然間，計程車停下來，樂聲變成靜音，我們不約而同地低下頭，腦海中竟然也浮起相同的思緒，那些無聊的笑話早就不好笑了。

沒錯，是國王陛下。我偷偷抬起頭來，像個想去捋虎鬚的小男孩那麼好奇。陛下每次經過人群，總會散發出一股安定詳和的力量，我心想，「太棒了！今天看到四世國王，真是美好的一天。」然後我們繼續上路。

低下頭的反應不是因為畏懼，而是出於對國王陛下的敬愛之情，他為人民做的太多了。他的統治帶著無限慈愛，出於愛的統治，遠比奠基在散佈恐懼的統治力量來得更強大，也更顯偉大。

吉美・辛格・旺楚克陛下的治理改變了不丹，讓人民過著更好的生活。不丹人視他如父，因為他對我們的需求照顧地無微不至；我們視他如兄，因為他總是在我們身旁；我們視他如王，因為他從內心愛護子民。他的執政造就了今日不丹。國王最大的犧牲，是送給我們選舉權，讓我們挑選自己的代表。我至今還無法相信，擁有無上權力的人竟然願意放棄權勢，把權力交到人民手中，但這是事實。我們享有的民

11-11-11: a tribute to His Majesty the Fourth Druk Gyalpo Jigme Singye Wangchuck

主不是爭來的，而是「送」給我們的。國王對人民的愛，造就了今日的不丹人。在這個和平的國度當中，我們堅守原則，我們的信仰虔誠，國家幸福力為更多人臉上帶來笑容，人們也努力地成就更大的幸福。

　　不丹在 11 月 11 日為這麼樣的一個人慶生。我們全家祝福我們的父、兄、君王，來年幸福快樂。我個人則希望國王陛下繼續指引我們走在正確的道路上，在我們前行時提供協助。希望不丹能維持今日幸福、純潔與和平的景象。11 月 11 日即將來臨，我雖離家數萬里，卻不感覺孤單無助。我當然希望可以回家，這並不是難事，也許這同樣是那股令人安詳平靜的力量，讓我即使遠在千里也感到幸福。

蓋措 · 徹林（Gyamtsho Tshering）
寫於瑞士

第十個 11 ： 青年學子眼中的慈父國王

9

長大方知聖恩

又到了一年一度的皇家盛事，感覺好像有點怪，又有點不快樂，因為此時遠在不丹的大家一定滿心歡喜地大肆慶祝，但我卻沒辦法參加。11 月 11 日一向是很特別的。

記得不久前我還在不丹體育館跳舞，內心雀躍不已，心想著不知道在台上的國王陛下會不會看到我。光是能看到國王的臉孔就令我興奮萬分。現在長大一點，對國王的感激與欽佩更甚於數年前。

很榮幸有機會寫出我的感受。在這歡欣時刻，祝敬愛的國王生日快樂，我祈禱陛下長命百歲，也由衷希望對有如慈父般的國王說聲「謝謝您！」，感謝他的領導、智慧與寬厚。

如果沒有陛下的引導、對百姓的付出，不丹今日不會因國家幸福力而享譽國際，人民也許會因 2003 年的危機而飽受威脅。身為不丹大使，我很自豪能教育人民認識我的祖國和我們不同於他人之處。朋友問我，是我特別愛國，還是不丹人都如此？我的回答很簡單：有這麼堅強又充滿領袖魅力的統治者把國家提昇到今日盛況，誰不愛他？

如果不是國王，我絕對不會自信地宣稱我以身為不丹人為榮。雖然相距遙遠，國王陛下的英姿永遠存在人民的腦海中，人們在這天依然歡慶他的誕辰。四世國王萬歲！

索南・顏奇・賈圖（Sonam Yangki Jattu）
寫於美國德州

11-11-11: a tribute to His Majesty the Fourth Druk Gyalpo Jigme Singye Wangchuck

10

以精進自勉

四世吉美·辛格·旺楚克陛下是難得一見的國王，他能實現每個人的願望。陛下凡事謹慎，具有遠見，勤於政事，而且意志堅強。他讓理想實現，在卅四年任內創造無與倫比的和平與繁榮盛世。我們對陛下充滿感激，他不僅讓國家富強，甚至替未來開闢出一條民主大道。

我們真心盼望太平盛世的陽光能繼續照耀在我們的國土、國民與國王身上。11月11日對不丹各行各業的人來說，是一個共同的特別日子。這天，我們除了慶祝之外，也立下捍衛王國穩定和諧的心願。今天我在這裡，美麗的島國斯里蘭卡，遠離我熟悉的家鄉，還是心繫那裡的一景一物，尤其是我上過的學校，還有為四世國王舉辦的慶生活動。這一天對我意義格外重大，因為我的生日剛好也跟陛下同一日。

正因為如此，11月11日一直是我每年最珍視的日子，以後也不會改變。真懷念那些我參加過的，充滿歡樂與祝福的盛大慶典。

我們都會在這天為國王陛下獻上祝禱，也用歌舞慶祝。我最喜歡的節目是遊行，那真的是非常特別又帶來歡樂的活動。國王華誕的前幾天，我們晚上都睡不著，總想著要做什麼才能在他生日那天表達我們對國王的敬意。此刻，我真希望自己就在不丹。不過，身為不丹公民，我發自內心感到一股深刻的滿足。對於歷任國王的付出，我懷著無限感恩，因為沒有他們，我的生命絕不可能發展到這個階段。我在此立誓，將提昇自我，忠誠侍奉不丹的國土、國民與國王。

在此獻上最真誠的祝福，願我們摯愛的四世國王吉美·辛格·旺楚克陛下生日快樂。願陛下事事如意，健康快樂。

慈玲·永丹（Tshering Yangdon）
寫於斯里蘭卡

11-11-11: a tribute to His Majesty the Fourth Druk Gyalpo Jigme Singye Wangchuck

11
超越時空的偉業

　　生命中有很多人值得感謝，但我們經常不會花時間或找機會表達，尤其是那些對我們意義重大的人。現在，我就要利用這個難得機會，在四世國王吉美‧辛格‧旺楚克五十六歲生日這天，向我最景仰、最敬愛的陛下說出我的感激之情。

　　四世國王是我國最珍貴、最難得之人，他為國為民做了許多高貴的事。他的事蹟足以讓我寫下萬言書，可是我現在只想用一句話做總結：世上很少人能像國王一樣，用這麼短的時間在不丹完成這麼多重大建樹。他的不凡難以盡書。

　　陛下把國家發展原則建立在國家幸福力的觀點上。這對於崇尚物質生活的全球社會帶來一股清流。以物質條件的進展來衡量發展並不永續。不丹有幸得到目光遠大的四世不丹國王的治理，他以大無畏的姿態和犧牲奉獻之心，成就人民的幸福安適。四世不丹國王富有先見之明，在盛年即將皇權交給皇太子，也就是當今令人愛戴的五世國王，四世國王繼續指引全國人民，同時也做為新王的精神支柱。11 月 11 日是四世不丹國王的生日，全國上下莫不歡欣鼓舞。我記得每當這個大日子愈來愈接近，每個人的情緒都會愈加高亢。

　　不論清晨或傍晚，我們都會聽到排練的鼓聲四處響起。學生們用清晰瞭亮的嗓音唱著國歌，我們也隨著國歌踩著遊行的步伐。這首歌曲總是能振奮我們的愛國心。

　　這股興奮之情還不只如此。國王誕辰當晚，首都的每一條路都會關閉車輛進出，年青人最愛聚集的鐘樓廣場上會有大型音樂演出，所有的朋友都會出現，每個人都玩得非常盡興。邊寫著這篇文章，當時的歡樂畫面一一浮現在腦海中，這是我永遠珍視的回憶。英明的四世國王認真經營國家，人民才能享受這些成果。如果我們靜下來回想他為我們所做的努力，還有他給我們的一切，我們一定會想要抱著國王陛下，流著淚感謝他所做的一切。

　　我非常驕傲自己來自不丹，也很高興能夠出生於天龍之國，成為效忠國家的百姓。四世不丹國王是我效法的模範，也是我心中永遠的英雄。願四世國王吉美‧辛格‧旺楚克陛下萬歲！

索南‧邱基‧辛禮（Sonam Chuki Thinley）
寫於泰國曼谷

第十一個

第 70 任尊聖不丹國師

吉美丘札法王

Trulku Jigme Choeda

尊貴僧寶的祝禱守護

「不丹的國王，尊貴至高無上的君主！
願吾王萬壽無疆，國土昌盛繁榮，願覺性的教法茂盛輝耀！」

得知這本向四世國王吉美·辛格·旺楚克致敬之作，將於陛下五十六大壽之時出版慶賀，心中欣喜萬分。懷抱著雀躍與感恩之情，在此恭祝國王陛下五十六歲誕辰吉祥如意。

自陛下登基之日起，在國王無私的奉獻與充滿活力的領導之下，不丹社會經濟發展有長足進步。陛下體認到不丹的文化與宗教遺產是國家最有力的象徵，因此全面推動不丹獨特文化與宗教的保存及宣揚工作，希望透過此一途徑確保王國的主權獨立。其中最值得一提的是由國王運用其英明睿智所開創並付諸實施的國家幸福力（GNH），在今日廣受世界其它國家的肯定，被視為崇高的理念，也使不丹對世界產生深遠的影響力。不丹人民懷抱深切敬意，感念國王的貢獻，矢志效忠愛戴國王。

願陛下朕躬康泰，永為不丹人民最高守護者。

寫於金兔年九月十六日，西元 2011 年 11 月 11 日，扎西秋宗。

甲悉騰進拉葛上師

H.E. Gyalse Tenzin Rabgye

國王陛下祈禱文

極樂不丹，色究竟天的守護者，
法力無邊，護佑全人類的守護大師
我虔心祈求
盼於頓悟得道之前，得守護神接納。
陛下謙沖自持，
但胸懷生民福祉
在這片豐美如海的小地方
如明月般光華現身，多麼美妙！

在南境盛產檀香木之地，
他擊退邪惡勢力，大獲全勝
高舉勝利旗幟

英雄之音震攝四方
在聖湖上的草藥國境
維持一脈相承的皇室世系
並以民主之光照耀不丹
國家幸福力的誕生增添世界美麗願景！

我，甲悉祖古身為國王陛下的子民
獻上誠摯的祝禱篇章，
願陛下為國為民造福之偉大精神
永垂不朽！

甲悉祖古（Gyalse Trulku）
唐葛佛學院（Tango Buddhist College）

11-11-11: a tribute to His Majesty the Fourth Druk Gyalpo Jigme Singye Wangchuck

那姆凱寧穎波
仁波切上師

H.E. Namkhai Nyingpo Rinpoche

全知的釋迦佛，獨一無二的領袖，
蓮花之王，三世征服者，
以及傳奇的奧秘之主夏尊·昂旺·南嘉，
願祂們恩賜知識、仁慈與力量！

英雄行事無懼，律己甚嚴，
如同雄獅化身人形，戰勝強敵與外侮，
將全國百姓視為己出，慈愛保護，
願十力君王強健康泰！

您是朝氣蓬勃的菩薩，
為嘉惠人民，增進百姓幸福，
尤其是位居南部的子民，
由烏顏仁波切派到世間完成此重責大任。

在燦爛的天龍國度，
佛陀的教誨與典範如同夜空中的繁星般，
照耀在每一寸國土，打造聖潔之境，
一切歸功法王無上的慈悲。

您的子民過著幸福繁榮的日子，
擁有追求現代與傳統教育的機會，
有能力與世界競爭，
一切歸功國王的德政。

噢！國王陛下，您對我們如父如子，
我們無限感恩！
願您如日月長明，
祝您大願早日實現，
盼陛下政教權力日漸強固！

應本書編纂人噶瑪·慈仁之邀，
於廷布寫下四世國王陛下德政數則

11-11-11: a tribute to His Majesty the Fourth Druk Gyalpo Jigme Singye Wangchuck

頂果欽哲揚希
烏金丹增吉美龍竹上師

H.E. Dilgo Khyentse Yangsi Ugyen Tenzin Jigme Lhundrup

為四世國王陛下祝壽祈禱文

1. 初生的紅黃曼陀羅

   發散千道智慧祥光，

   戰勝四大惡靈

   幸運的人民得到護佑

   文殊菩薩降生，唯一的守護者！

2. 身在藥草之地，

   猶如進入神聖之境，君主代代相傳，

   青出於藍，政教雙治，

   戰勝邪惡勢力，大無畏君王，

   非您莫屬！

3. 您的豐功偉業如同白雲，

   覆蓋藥草之境的蒼穹，

   您的美名享譽國際您創造繁榮和諧，

   澤被萬民。

4. 讓人民從恐懼裡解脫，

   沉浸幸福與德澤之中，如沐春風，

   享受性靈與俗世的喜悅

   虔誠的花朵自內心綻放

11-11-11: a tribute to His Majesty the Fourth Druk Gyalpo Jigme Singye Wangchuck

5. 您的心智是

文殊菩薩語之獅的智慧寶藏，

您的精闢言語是

手持蓮花的觀音菩薩，

您是手握金剛杵的金剛手菩薩，

力克反對勢力，

快樂與福祉之王，非您莫屬！

6. 現今世代，失德之誘惑無所不在，

令不幸之人誤入歧途，

您為十力之主，率行先祖統禦之術

7. 微臣於稚齡之時，童心未泯

始接受知識洗禮，

學習應對進退之儀

太皇太后與國王陛下的恩澤，

賜予難得機會，令臣無限歡喜

8. 知識廣袤，無窮無涯

散發百道懇切建言

時而接受，時而拒絕

臣懷著忠誠信念，

接受國王陛下指揮與指導。

9. 藥草之境人民源源不斷的信賴忠誠，

陛下，您是人們景仰的寶王，

您是幸福、昌盛與善行懿事的泉源，

願您長壽萬歲！

10. 本人頂果欽哲仁波切（轉世）

烏金丹增吉美龍竹祖古，

於金兔年陰曆月缺第廿八日，

感懷太皇太后與國王陛下供養，

在陛下五十六壽辰之時獻上祝禱。

怙主敦珠揚希丹增益西多吉上師

H.E. Kyabje Dudjom Yangsi Tenzin Yeshi Dorji

在南境谷地的燦爛天龍之地，

善行德慧匯聚力量，

不丹得天獨厚，成為藥草國度，

各類樹種與植物茂盛，繁花盛開，

人民同聲祈禱，

君民情感更形緊密；

善良百姓齊聚，

欣受旺楚克世襲王朝統治

一代接一代，

其中一人，是莊嚴的菩薩－

吉美‧辛格‧旺楚克國王陛下

在預言與期待中降生；

時當年少，

父王三世國王卻驟逝，

為穩定政教合一領導

延續旺楚克王朝，

國王陛下登基成為四世君主，

自始，陛下勵精圖治，

治民、愛民如親如子。

開創超越前朝的社經發展治世，

奠定議會民主制度；

當外侮威脅國家主權安定，

陛下展開智慧與行動加以降服，

將人民與國家帶向和平繁榮；

為徹底解決貧窮疾苦，

陛下構思國家幸福力的發展觀，

偉大仁慈的君主，將人民福祉置於自身利益之上，

願陛下生生世世，永垂不朽，

願陛下崇高志願

早日實現。

11-11-11: a tribute to His Majesty the Fourth Druk Gyalpo Jigme Singye Wangchuck

雪謙冉江仁波切上師
H.E. Shechen Rabjam Rinpoche

不論用任何標準來做評價，四世國王陛下都是不丹史上與當代世界的卓越人物。他具備過人才能，為國家擘劃遠大藍圖，時刻將百姓福祉放在心上，不論地位尊卑均一視同仁。四世不丹國王具大智慧，為不丹的未來提出遠大的國家幸福力政策原則，使國家在維持純樸環境的同時，也能順利走出不丹獨有的民主轉型之途。

在精神方面，國王陛下亦展現其清明睿智，尊重宗教領袖的開示，使不丹正宗佛教傳統得以保存並發揚光大。

在陛下五十六歲壽誕之日，我獻上由衷的祝福、感激與敬佩。

斐令宋都仁波切上師
H.E. Peling Sungtruel Rinpoche

　　欣聞噶瑪·慈仁先生計畫於四世國王陛下五十六壽誕誌慶之時出書向國王致敬，更有幸受邀獻上祝禱文稿。雖感下筆困難，仍以恭敬之心書寫短文一篇如下。

這片草藥王國的子民

無一不享和平、幸福與繁榮；

願百姓之父、人民之子，壽比南山，

盼草藥王國名聲遠布四方！

　　本文由拉隆·松楚（Lhalung Sungtrul），又名十一世斐令·吉瑞·昆贊·佩瑪·多吉（Peling Jigdrel Kunzang Pema Dorje）所撰。作者由皇室供養。

書於 2011 年 10 月 25 日

11-11-11: a tribute to His Majesty the Fourth Druk Gyalpo Jigme Singye Wangchuck

帕切令祖古仁波切上師
H.E. Padtsheling Trulku Rinpoche

敬獻四世國王陛下祝禱文

陛下臨危不亂，承接治國大任，
以千道正氣光芒，驅逐南方黑暗邪氣；
至高無上的天龍之國，
由諸神祇與志士共同創建，
在國王陛下廣若汪洋般的豐功偉業中，
本文所述不過青草葉上一滴水珠。
在南方谷地，智者預言之地，
國王陛下降生，開創前無古人之盛世
治國有道，一切榮耀歸於四世國王！
集美德與智慧於一身，
陛下降生如同旭日東昇，
幸福時代如蓮花綻放
君陀花也隨之盛開。
童稚之時，您展現全面的分析能力，
您散發山岳般高貴的精神，
誓言統治國家，
您如同慈母關愛子女般，
照顧卑微的子民，
您是手持蓮花的觀音菩薩，
難道不是嗎？
當國家面臨恐怖叛亂威脅，
您運用機巧智慧，指揮若定，
徹底剷除邪惡勢力首腦，
您的力量不可思議，難道不是嗎？

您具有無上智慧，
內政外交建樹豐碩，
與世界各國建立兄弟邦誼
獅之語在您身上，當之無愧！
您的無限聰慧如海洋般寬廣，
照亮千萬人，
純淨無瑕的覺知，
遍布國土最遠的疆界。

您的高貴行為來自清明純淨的心胸，
在這片獨立而純樸的土地上，
上至皇室，下至百姓，
無一不享和平與繁榮，
這是陛下的恩典！
在此獻上祈福，
願吾國眾神明與眾人心生喜悅，
願吾王身體康健，長命百歲！
願生民永保幸福、和平與興盛！

布姆唐 Jangchub Pelri Dratshang
五世帕切令祖古珮瑪昆贊丹今嘉措
Fifth Petsheling Trulku Pema Kunzang
Tenzin Gyatso 敬呈

11-11-11: a tribute to His Majesty the Fourth Druk Gyalpo Jigme Singye Wangchuck

梅紛秋吉寧杰索拉賈貢祖古上師
H.E. Mepham Choki Nyinjed Sewla Jamgoen Trulku

發自純淨智慧的慈悲如曙光般出現，

指引藥草國度邁向幸福安康之路，

旺楚克王朝歷任法王的仁慈恩澤，

請接受我最深的致敬！

君王造就大功德，

不在打造強國，

而是透過政體改革確保國家長治久安，

四世法王，您是勝者化身！

良善治理教務與政事，

對抗威脅國土的邪惡勢力，

提出國家幸福力，

世人永遠感念國王陛下創造幸福和平的理想！

11-11-11: a tribute to His Majesty the Fourth Druk Gyalpo Jigme Singye Wangchuck

佐拉祖古唐杰肯巴上師

H.E. Jorra Trulku Thamched Khenpa

充滿智慧、慈悲與力量的法王，

您的生命與肉體，如同菩薩般永恆不變，

您的言語如獅吼般三界皆聞，

您的智慧無邊無際，

國王陛下屹立不搖，堅忍不拔！

您治理國家政教事務有道，

您以愛與慈悲管理眾人，

在獨立自主的佛教國度上，您造就和平幸福，

願和平幸福日增，絲毫不減！

本祈禱文由我，佐拉唐杰肯巴以景仰之心獻給菩薩化身四世國王陛下，

願陛下長命百歲，功德無量！

宗教組織委員會

拉姆昆贊旺底

Lam Kunzang Wangdi

至高無上的皈依──三寶與三根本，

蓮花生大士的體現──主言語之夏尊・昂旺・南嘉，

以佛法統禦四方，

我熱切祈禱！

政教合一治理王國，

願四世國王陛下，崇高的君王，

身體、言語與神智，

永為不丹三奧秘三界守護神！

在秉性仁慈無雙的四世國王陛下五十六壽誕吉日，

我，昆贊旺底，佛教寧瑪派傳統追隨者，

祝國王陛下吉祥如意，永享安寧、健康與高壽！

11-11-11: a tribute to His Majesty the Fourth Druk Gyalpo Jigme Singye Wangchuck

第十一個 11 ：尊貴僧寶的祝禱守護

「前無古人，後無來者，正是吉美‧辛格‧旺楚克 國王陛下的寫照。
之於我而言，他是我的王、我的恩師、我的啓蒙，我的根本上師。」

— 五世不丹國王吉美‧格薩爾‧南嘉‧旺楚克 —

*" There has never been a King like His Majesty Jigme Singye Wangchuck in
our History and there will never be a greater King again. To me personally,
His Majesty is my King, my Teacher, my Inspiration and my Tsawai Lam."*

— His Majesty The Druk Gyalpo Jigme Khesar Namgyel Wangchuck —

主編

噶瑪 · 慈仁
Karma Tshering

謹向下列支持本書完成的熱心人士表示謝忱。

1. 感謝仁慈慷慨的雅熙 · 多婕 · 旺嫫 · 旺楚克皇太后，支持本書於不丹首發印製。

2. 肯贊 · 多傑博士：不丹前總理在本書籌備的過程中提供寶貴的指導，以及個人的貢獻和支援。

3. 索南 · 今嘎博士：現任不丹國家議會主席，在不丹四世國王的事蹟方面給予極大的協助。

4. 不丹全國師生，從青年世代的角度豐富了本書內涵。

5. 感謝所有國際組織、企業與其它機構的熱情協助。

6. 感謝覺性地球導師洪啓嵩大師，支持本書中文版發行，讓廣大的華文世界得以認識不丹國家幸福力的智慧之心。

Acknowledgement

The Publisher would like to acknowledge the generous contribution and support of the following people in bringing out this book.

1. Her Majesty Ashi Dorji Wangmo Wangchuck, the eldest Queen Mother of Bhutan. Her kindness in supporting the publication of this book is greatly appreciated .

2. Lyonpo Kinzang Dorji. He is a former Prime Minister. Lyonpo's invaluable advice, personal contributions and valuable support has greatly helped in developing this book.

3. Dasho Dr. Sonam Kinga. He is currently the Chairperson of the National Council of Bhutan. His contribution in the area of His Majesty's accomplishments is highly appreciated.

4. All the teachers and student contributors of Bhutan. Their contributions through their tributes have not only beautified the tribute but has added a different dimension through their youthful perspectives.

5. The Publisher would like to thank all the international organizations, the business community and other agencies for their generous assistance which has greatly helped in bringing out this tribute.

6. Earth Zen Person Venerable Master Hung Chi-Sung. His support in publishing the Chinese edition of this book allows the Chinese community to grasp the wisdom behind the national happiness of Bhutan.

譯者簡介

曾育慧

2015 年完成台大健康政策與管理研究所博士學位。求學期間從事業餘翻譯，譯作多屬健康領域，包括營養、藥物、老化、心理健康、環境議題等；另一翻譯焦點放在與南亞地區相關的著作，如除貧和宗教文化。本書細數不丹國王打造健康快樂國度的歷程，剛好橫跨上述二大主軸，可謂令人驚喜的巧合。

11·11·11

不丹的幸福密碼

A tribute to His Majesty the Fourth
Druk Gyalpo Jigme Singye Wangchuck

編　　者　噶瑪·慈仁 Karma Tshering

譯　　者　曾育慧

序文英譯　龔思維、Nydia Kung

藝術總監　王桂沰

執行編輯　蕭婉甄、莊涵甄

美術編輯　張育甄

史料提供　索南·今嘎 Sonam Kinga

人文攝影　洪啓嵩、何經泰

編輯顧問　黃孝如

出　　版　覺性地球文化事業有限公司

　　　　　訂購專線：（02）2913-2199　傳真專線：（02）2913-3693

　　　　　發行專線：（02）2219-0898

　　　　　E-mail：Eearth2013@gmail.com

　　　　　http://www.buddhall.com

門　　市　覺性會館·心茶堂

　　　　　新北市新店區民權路 95 號 4 樓之 1（江陵金融大樓）

　　　　　門市專線：（02）2219-8189

行銷代理　紅螞蟻圖書有限公司

　　　　　台北市內湖區舊宗路二段 121 巷 19 號（紅螞蟻資訊大樓）

　　　　　電話：（02）2795-3656　傳真：（02）2795-4100

初版一刷　2017 年 07 月

精裝定價　新台幣 1111 元

ISBN 978-986-90236-5-8

「不丹人對自然環境無比珍愛，並且認為這是我們生活中的泉源。這種尊敬大自然的傳統，讓我們在進入21世紀之後，仍然擁有一個沒有遭到破壞的環境。我們希望持續與大自然和諧相處，並將這份珍貴的禮物，傳給我們的下一代。」

— 四世不丹國王吉美·辛格·旺楚克

" Throughout the centuries, the Bhutanese have treasured their natural environment and have looked upon it as the source of all life. This traditional reverence for nature has delivered us into the twentieth century with our environment still richly intact. We wish to continue living in harmony with nature and to pass on this rich heritage to our future generations."

— the 4th King of Bhutan,
His Majesty Jigme Singye Wangchuck.

11-11-11 : a tribute to His Majesty the Fourth Druk Gyalpo

Jigme Singye Wangchuck